# オジサンはなぜカン違いするのか

香山リカ

廣済堂新書

# はじめに

## これまでの苦労がなぜか報われないオジサンたち

日本経済は、なんといっても必死に働く男性たちが支えてきました。

これは疑う余地のない事実だと思います。もちろん私は女性ですから、「女だって働いている」「外で働く男性を支えてきたのは女たち」と言いたい気持ちもおおいにあります。とはいえ、少なくともこれまでの日本で、労働の現場の第一線で残業や休日出勤もいとわず、必死に働いてきた人たちの多くは、男性だったと言えるでしょう。

とくに、昭和半ばごろまでに生まれた男性——いま50代以上の人たち——には、「仕事は命」と思って限界までがんばる傾向が強いと考えられます。

ところが、どうでしょう。

ここであえて、そういう昭和半ば生まれの男性たちをオジサンと呼ばせてもらいますが、そのオジサンたちはいま世の中からどう見られているでしょうか。「本当におつかれさま。あなたががんばってくれたから、日本社会はこんなに豊かで誰もが生きやすいものになっているのです」と感謝されているでしょうか。

決してそうではないと思います。それどころか、こういったオジサンが新聞やテレビのニュース、週刊誌の記事に登場するのは、何か事件やトラブルを起こしたときが多いとさえ言えます。それは、「セクハラやパワハラで辞任」「痴漢で逮捕」とか、「熟年夫婦の妻の多くは離婚を望んでいる」「若い女性社員が挙げる〝こんな上司はイヤだ〟ベスト5」といったものです。

いったいなぜ、こんなことになってしまったのでしょうか。

オジサンも、自ら好んで事件を起こして摘発されようとしたり、妻や女性の部下に嫌われようとしたりしているわけではないと思います。それどころか、多くは「家族のため、会社のため、社会のために自分を犠牲にしてがんばってきた」と思っているはず。それにもかかわらず、世の中から理解されなかったり、ちょっとしたはずみから新聞沙汰になるような事件の主役になってしまったりしているのです。

## 令和の時代に昭和の価値観は通用しない

私は、働く現場で、あるいは精神科の診察室で、たくさんのオジサンに会ってきました。また同時に、同じくらい多くの〝オジサンから被害を受けた人たち〟にも会ってきました。そして、その結果、昭和半ば生まれのオジサンの多くは、元号が2回も変わっていまや令和になっているというのに、古い価値観や意識を引きずったまま生きており、その結果、新しい世の中や若者、女性たちとのあいだに大きな齟齬《そご》や摩擦が生まれているのではないか、ということに気づいたのです。

「ああ、そこはそうじゃなくて、こう考えてみればいいのに。このままじゃいくら自分では善意でやっているつもりでもまわりから誤解され、疎《うと》まれるという残念な結果になってしまう……」

仕事の場で、実際にオジサンに対してそんな思いを抱くことがこれまで無数にありました。しかし、いくらなんでも目の前の仕事相手に、「ちょっとそれカン違いですよ」

とは言えません。だとしたら、それをまとめて本に書いてみよう……。

本書はそうやってできた、私からオジサンたちへの心からのアドバイス集なのです。

大丈夫、ちょっとした意識のチェンジで、あなたの努力や誠意はまわりから理解され、きっと報われるはずです。

「オンナの小言かよ、うっとうしいな」と思わずに、勇気を出してページをめくってみてください。読み終わるころには、「なんだ、これくらいのことでいいなら、自分だってすぐに変われるよ」と、肩の荷が下りたような気持ちになっていただけることを心から願っています。

# オジサンはなぜカン違いするのか

目次

## はじめに



## 第1章 パワハラオジサン

「叱ってもらえるだけありがたいと思え！」

# 第2章 キレるオジサン

## 「ホントのオレはもっとスゴいんだゾ」

## 第3章　情弱オジサン

## 「キレイだし動画だしスゴイなぁ」

# 第４章　セクハラオジサン

## 「彼女もまんざらでもなさそうだったし」

## 第5章 文科系説教オジサン

「オジサンが〝手取り足取り〟教えてあげよう」

## 第6章 上昇志向オジサン

「苦労したんだから多少の役得はネ」

# 第7章　子ども部屋オジサン

## 「母さん、ボクのご飯まだ?」



## おわりに――オジサンが「おとな」になるために

# 第1章
# パワハラオジサン

## 無理強いに耐えた昭和のサラリーマン

ここでひとつ質問です。

もしあなたが大事な取引先のクライアントを招いた宴会に出て、先方から「何か芸をして見せてよ……そうだ、裸踊りがいいな」と言われたとしたら、どうしますか。

「いまどき、そんなことはない」と言う人もいるでしょうが、「歌くらい歌えよ」などと言われることはけっこうあるはずです。その延長で、酔ったクライアントから「もっとほかの芸はないのか？」などと強要されることもないとは言えないでしょう。私は2年くらい前に出た宴会で、「歌でも」と言われて会場のカラオケで歌っていた若い男性が同席者たちから「脱げー」などとはやし立てられ、パンツ一枚になったのを見たことがありました。大人数の宴会だったので若い男性の表情などはよくわからなかったのですが、「いまだにこんなことがあるんだ……」とちょっと驚きました。

団塊世代のサラリーマンを主人公とした人気マンガ『課長 島耕作』（弘兼《ひろかね》憲史《けんし》作、講談社）の第81話には、宴席で島課長が取引先のクライアントから「裸踊りをしろ」と迫られる場面が出てきます。「何で俺が　そこまで」と島がムッとすると、すかさず島の上司にあたる中沢喜一部長が、「え　何ですか？　裸踊り？　それ　私の得意芸ですわ!!」と言い、手ぬぐいを頭に巻いて全裸になり、両手に持ったお盆で局部を隠しながら「あ　それ　それそれ」と〝かっぽれ踊り〟を披露するのです。

もちろん裸踊りが得意芸などというのは部下を守るための中沢部長のウソなのですが、笑顔で踊る部長の姿を見て、島は「何てオレはバカなんだ……」「泣けて来た……」とうなだれます。

サラリーマンにとってこのエピソードは上司と部下の助け合い、宴会の乗り切り方のお手本と言われ、〝神回《かみかい》〟などとも呼ばれているようです。

『週刊ポスト』（２０１６年12月16日号）は、「パワハラ時代こそ若者は宴会芸を使いこなせ」と題する記事でこのエピソードを取り上げ、作者の弘兼憲史氏にもインタビューを行なっています。弘兼氏は言います。

「もちろんパワハラは避けるべきだけど、『郷にいっては郷に従え』という考えもある。上司の無理難題を上手くこなすことも組織で働くには大切なことです。

上司だって人間だから、部下に断わられたら嬉しくないはず。自分の言い分を通すことは正しいけど、時には自己主張を我慢して、場の空気に合わせることもサラリーマンには必要です」

もちろんこれは弘兼氏の発言のごく一部を強調しただけなのかもしれませんが、記事としてはどうやら、「ときには上司やクライアントの言うことに従い、宴会芸も辞さないくらいの柔軟さがサラリーマンには必要」という方向に持っていきたいようです。

おそらく「わかる、わかる」とうなずく男性は少なくないのではないでしょうか。「何で俺が」と気色《けしき》ばむ島課長より、「それ　私の得意芸ですわ!!」と進んで全裸になった中沢部長を立派だと感じる人が多いと思われます。たしかにそうすればクライアントはご機嫌でビジネスもうまくいくのですから、考えようによっては「裸踊りくらいお安い御用」かもしれません。そして、上司が部下に、クライアントが取引先に無理を言い、宴会では「無礼講」ということでハメをはずすこともある、それが日本の会社文化、もっと言えば世間の文化というものなのだから、「郷にいっては郷に従え」のほうがよい、というのが、これまでの考え方だったわけです。

## 「力の差」の利用はすべてNG

しかし、ちょっと立場を変えて考えてみましょう。

いまなら中沢部長の裸踊りは写真に撮られ、クライアントのＳＮＳのアカウントにアップされることも考えられます。すると、中沢部長の知人や家族が目にすることもあるかもしれません。もし中沢部長に娘がいたとしたら、父親が全裸で踊る姿を見てどう思うでしょう。「こんなに仕事をがんばっているんだ」と涙するでしょうか。やはり「やめてほしい、見たくない」と思うはずです。

『課長 島耕作』のその宴席のシーンには女性社員の姿は描かれていませんでしたが、料亭の仲居さんらしき女性は何人か同席しています。その女性たちは裸踊りを笑顔で見ていますが、実際にそういう場面があったとしたらどうなるでしょうか。仕事だからその場では笑顔で拍手したかもしれませんが、内心では「男性の全裸など見たくない」と思う人もいるでしょう。私もかつて宴会でパンツ一枚にならされた若い男性を見たときは、愉快な気はまったくせず、「痛々しい」「早くやめてほしい」としか思えませんでした。

「中沢部長は裸踊りが本当に好きでやりたかったかもしれないじゃないか」と言う声も聞こえてきそうです。でももしそうなら、部長はクライアントに「やれ」と言われる前に、自ら「ここで得意芸をひとつ……」などと勝手にやったのではないでしょうか。それに、もし部長がクライアントではなく、部下の島課長や係長から「中沢さん、裸踊りでもしてくださいよ」と言われたらどうしたでしょうか。きっと「失礼な！　どうして部下の君たちにそんなことを言われなければならないのか」と激怒したと思われます。中沢部長は、あくまでこの場合は立場が上、頭が上がらないクライアントに要求されたから、恥ずかしい芸を披露したのです。ただの「宴会の文化」として「このあたりでひとつ、私の芸を……」と見せたのとはわけが違います。

つまり、これは「力の差」があって初めて起きたことです。「力の差」を利用して、言い返せない相手に何かを強く求めたり言い放ったりすること、これはいまの考えでは「パワーハラスメント」、略して「パワハラ」と呼ばれます。そして、この「パワハラ」はどういう状況であっても、いまは「やってはいけないこと」になっているのです。

## スポーツ界でも暴力指導が次々に告発

最近はスポーツの世界でたて続けに「パワハラ」が問題になっています。

女子柔道、女子レスリングなどに続き、2018年8月、女子体操をめぐる「パワハラ問題」が浮上しました。リオデジャネイロ五輪代表の宮川紗江選手が記者会見を開き、日本体操協会の塚原光男副会長とその妻の塚原千恵子・女子体操強化本部長（当時）からパワハラを受けていたことを告発したのです。

しかし、この問題はなかなか複雑です。じつは宮川選手は同協会の速見佑斗コーチに指導を受けていたのですが、速見コーチはしばしば選手にビンタをするなど暴力的な指導を行ない、協会から無期限登録抹消処分を受けていました。宮川選手は速見コーチからの暴力は認めながらも、同時に、塚原副会長らからあまりに一方的に「（暴力は）あったんでしょ？」と迫られ、さらに「あのコーチはダメ」「だからあなたは伸びない」「五輪に出られなくなるわよ」と脅されたことを告発したのです。

それに対し、塚原副会長夫妻が「なぜ、彼女（宮川選手）がうそを言うのかわからない」と反発し、事態は泥沼化しました。その後、早見コーチは登録抹消処分を不服とする仮処分申し立てを取り下げ、暴力行為を謝罪する会見を開きましたが、結局、日本体操協会は「パワハラ問題の調査は第三者委員会に依頼する」として、事実上、丸投げする方針を取り、組織としての自浄作用がまったく働いていないことを露呈させました。宮川選手は一連の騒動から身を遠ざけるため、代表合宿や国際大会への参加を一時期見送っていました。

私は、2013年に発覚した女子柔道の国際試合強化選手への指導陣によるパワハラ問題の第三者委員会委員を務めたことがあります。

この問題は、2010年ごろから、強化合宿や国際試合の指導の場で、女子柔道チームのコーチがある選手の背中や尻を竹刀で叩いたり、頭部にゲンコツ、顔面に平手打ちなどを食らわせたり、髪の毛をワシづかみにしながら「お前なんか柔道やってなかったら、ただのブタだ」などの暴言を浴びせていたり、というひどいものでした。選手たちに調査する中で、こういった暴力指導は、一選手にだけではなくほかの選手たちにも行なわれていた可能性が浮かび上がりました。

## 愛のムチはもう通用しない

私は当時の監督やコーチなど全日本柔道連盟の幹部にヒアリングをしたのですが、印象的だったのは彼らから次のような言葉が繰り返し聞かれたことです。

「選手たちが憎くてやったのではない。強くしてやりたかった」

「それくらい気合を入れてやらないとメダルは取れない。実力があるのに発揮できていない選手に、力を出してほしくてやったことだ」

「選手もわかってくれていると思っていた。告発はショックだった」

一部でささやかれていたうさ晴らしやいじめとしての暴力は、全員が口をそろえて否定しており、それはウソではないと思われました。

しかし、「愛情ゆえの厳しい指導」が許され、選手にも通用していた時代は終わろうとしているのです。

これはスポーツの場のことだけではありません。およそ会社と名がつくところで仕事をしたことがあれば、上司から次のように怒鳴られた経験が皆無という人はあまりいないことでしょう。

「なんだ、まだできてないのか！　たるんでるんじゃないのか？」

「入社していったい何年たつと思うんだ！　こんなの、新人がするようなミスじゃないか！」

若いころ、私の職場はある大病院の精神科でした。精神科医は一般的にやさしいというか気が弱い人が多いと言われているのですが、それでも研修医だった20代の私は、先輩から呼び出されて何度か厳しい言葉をもらいました。

「あなたのカルテのまとめですが……まったく支離滅裂ですね。性格的にきちんとできないんでしょうかね。明日の朝までにもう一度、ここところだけでも書き直してくださいよ」

「また患者さんからクレームが来ましたよ。あなたを名指しにしたものが断トツに多いようですね。もしかすると精神科医に向いてないのかもしれませんね」

抑えた言葉での注意でしたが、私としては当時、「カルテはうまく書けている」「診療はけっこういい線いってる」と思っていたので、まさに突然、冷たい水を浴びせかけられたような気持ちになり、「そんなことないと思いますが」などと言い返すこともできず、「はい……」と黙り込んでしまいました。その後は何とか切り抜けたのですが、「先輩はどうしてあんな言い方をしたんだろう」「どこがどう間違っていたのか。毎日顔を合わせていたのだから、もう少し早くふつうに指導してくれればよかったのに」などと、そのときのことを繰り返し思い出しました。

先輩は、決して意地悪な人や感情的な人ではありませんでした。いま、医大の懇親会などで会うと笑顔で「元気ですか？」などと話しかけてくれます。おそらく先輩にしてみれば、「いつか自分で気づいて何とかするだろう」と思っていたのに、いっこうに私が改めないので、「ここはしっかり指導しなくては」としかたなく強い言い方で苦言を呈したのでしょう。しかし、私にとってはいきなり突き付けられた、自分の医師としての適性や人間性までを否定する〝厳しすぎる言葉〟がどうしても理不尽に思えたのです。

## 「よかれと思って型」は極めて日本的

２０１２年３月、厚生労働省に設置された「職場のいじめ・嫌がらせ問題に関する円卓会議」は職場のパワーハラスメントに関する提言を取りまとめました。じつは私もその会議メンバーのひとりだったのですが、この提言では、職場のパワハラを次の6つに分類しています。

①暴行・傷害（身体的な攻撃）
②脅迫・名誉毀損・侮辱・ひどい暴言（精神的な攻撃）
③隔離・仲間外し・無視（人間関係からの切り離し）
④業務上明らかに不要なことや遂行不可能なことの強制、仕事の妨害（過大な要求）
⑤業務上の合理性なく、能力や経験とかけ離れた程度の低い仕事を命じることや仕事を与えないこと（過小な要求）
⑥私的なことに過度に立ち入ること（個の侵害）

これは、おもにパワハラで起きる行為に基づく分類です。
ただ、先に紹介した「宴会芸で裸踊り」や「強くしてやりたいがための暴力」のようなケースを見ると、そこにはこの分類ではうまく説明できない「日本的パワハラ」の要素がかかわっているようにも思えます。

それを考慮してあえて分類すると、次のようになるでしょうか。これまで紹介したのは、もちろん(c)にあたります。

(a)うさ晴らし型
被害者の上司、同僚などが個人あるいは集団を対象に行なういじめだが、組織的ではなく個人的、私的な行為。弱い者、おとなしい者を狙い、加害者のうさ晴らし、うっぷん晴らしを目的とすることが多い。基本的に「強い者」対「弱い者」の構図となる。

(b)村八分型
より広い組織による集団的ないやがらせやつるし上げ。ターゲットをひとりに絞ることは、明言されている場合も暗黙の了解である場合もある。ときによっては、権力を持たない労働者が組織的にひとりを狙っていじめを行なうこともある。「弱い者たち」対

「弱い者」という特殊な構図が生まれる。

(c)よかれと思って型

根底にあるのは「会社の文化に合わせたい」「指導して成長させたい」といった〝善意〟。しかし、そこには必ず「力の差」「立場の上下」が存在し、その〝善意〟の行為を受けた者が嫌悪感や心身の傷を受けても、言い返すことのできない状況で生じるので、加害者側はそれに気づかない場合も多い。

## 「個人や家族を犠牲にした働き方」が温床

1968年に公開された映画『黒部の太陽』には、〝世紀の難工事〟とも言われた黒部ダム建設のトンネル工事がリアルに描かれています。最初は士気が上がらなかった現場も、途中からは電力会社の経営陣や現場責任者らの尽力で、次第に一体化していきます。

その途中、三船敏郎演じる現場責任者・北川の娘が白血病にかかって入院し、「あと一年の命」と知らされる場面があるのですが、北川は娘のそばについているという選択はせず、現場に戻ります。そして、ついにトンネルが開通して躍り上って喜ぶ労務者たちの中で、北川は娘の死を知らせる電報を受け取ることになるのです。

祝いの酒樽の前で、あいさつを求められる北川。そこでも彼は娘の死にはひとこともふれず、「本当によくやってくれました」と労務者たちをねぎらい、声を詰まらせながら祝杯を挙げます。その涙に、トンネル開通の喜び以外の意味があったことは、誰も知りませんでした……。

これが、1960年代から70年代にかけての「良い働き方の見本」だったのです。

いまであれば、「ここまでやらなくても」「娘のそばにいるのが父親の役割ではないか」と多くの人が疑問を抱くでしょうが、高度成長時代は「個人や家族を犠牲にして仕事や職場のために」が常識だったのです。また、家族もそうやって個人よりも仕事を優先して働く夫や父親に対して疑問を抱くことは許されず、「お父さんは立派だ」とほめたたえなければならなかったのです。

もちろんこういう土壌では、厳しい指導、教育、しつけなども日常茶飯事でした。毎日が、前述のパワハラ(c)の状態だったと言えるでしょう。実際に『黒部の太陽』でも、命がけの現場では、上が下に対して罵倒したり手を上げたりする場面もあります。公開当時は映画館で大ヒットしたのですが、2000年代になってからテレビで放映されたときには、「この作品には一部、現在では問題がある表現が含まれています」といった意味合いの「お断り」が挿入されていました。おそらくそれは、この職場での常態化した暴言・暴力などを指すのでしょう。

時代は変わり、昔は「許されたこと」どころか「ほめられたこと」が、いまや「やってはいけないこと」や「ハラスメント」になるのです。

## 暴言すら善意に解釈する被害者心理

でも、ちょっと考えてみましょう。

あなた自身、上司から怒鳴られたり、もしかするとモノを投げつけられたりした経験もあるかもしれません。そのあと何年もたってから「あれは〝愛のムチ〟だったんだ」と思い直すこともあるかもしれませんが、当初はやはりビックリしたり傷ついたりしたのではないでしょうか。

私もそうです。先輩からの冷たく厳しい指導が続いた直後は「どうしてあんなにイヤミな言い方をするんだろう？」などとずいぶん考え込みました。その後、時間がたってから「きっと彼なりに私にショックをいちばん与えそうにない言い方を考え、でも『しっかり指導したい』という思いやりから、あのタイミングであ あいう言葉になったのだろう」と思い直し、自分の気持ちを整理したのです。

果たして、上司からの怒声、イヤミ、ときには体罰などは、本当に「愛のムチ」であり「彼なりの思いやり」なのでしょうか。それはわかりません。いや、むしろ単なるヤツ当たり、うさ晴らしであった可能性も、私の先輩は別として決して低くはないと思われます。あるいは、上司は本当にあなたのことが気に食わなかったのかもしれません。

叱責を受けた側が、それを「部下や後輩を育てたいという愛ゆえ」などと解釈するのは、そうでも思わなければ自分がやっていけなかったからです。

「オレは上司に憎まれていたんだ」「先輩のストレスのはけ口、それがオレだったんだ」などと思ったら、もう仕事なんか続けていけません。だから、心が〝生きる知恵〟を働かせて、自分に必死に「上司の『バカ！』は目をかけている部下への愛の励ましなんだ」などと言い聞かせることで、「きっとそうだ。よし、もう辞めたいと思ったけど、もう少しがんばろう」と自分を奮い立たせていたわけです。人間の心は、ときどきそういう涙ぐましい働きをするものです。

## ごまかし続けると負の連鎖を生みかねない

これは、親から虐待を受けた子どもにもよく見られることです。

子どもは「ボクは親に愛されていない。嫌われているから叩かれるんだ」と認識してしまったら、生きる意欲を失います。だから、その子どもの心はそこでも〝生きる知恵〟を自動的に働かせて、「ううん、ボクは親から嫌われてるわけじゃないんだ。ママがボクを叩くのは、ママの遊びなんだ」などと思い込んだり、それでもすまない場合は「虐待された」という記憶をすっかり消去してしまったりすることさえあります。

そういう子どもたちがおとなになり、自分の子どもを持って育てる中で、ふと忘れていた記憶を取り戻したり、自分で無理やり解釈を変えていたことに気づいたりすることがあります。

「子どもがなかなか泣き止まない、困ったな……。あれ、何かこういうシーンに身に覚えがあるぞ。そうだ、私も子どものころ、泣き虫で泣いてばかりいて、こうして親にまとわりついたんだっけ。そのとき私の親は、私の親は……そうだ、私を突き飛ばし、それから激しく蹴ったんだ！」

「わが子ってかわいいな。〝目の中に入れても痛くない〟とはこのことだ。もしこの子が誰かに傷つけられそうになったら、私は喜んで『私をかわりに殴ってください』と言えるな。……あれっ、それなのにどうして私の親は、私をあんなに殴ってばかりいたんだろう？」

それから「もしかして、あれって虐待だったのか？」と気づいた人たちは、たいへんに苦しむことになります。精神科の診察室に来て「どうして親は私を愛してくれなかったのでしょう。なぜ虐待なんてしたのでしょう」と訴える人もいます。

でも、いつも思うのですが、たとえ苦しんだにせよ、この人たちは自分をごまかし続けるよりは、「私の親は私を虐待した」と気づいてよかったのではないでしょうか。自分で自分をごまかし、「あれは親からの〝愛のムチ〟だったのだ。親に感謝しなきゃ」と思い続けるよりは、「本当に私の親はひどいことをしたんだな。でも、その分、私は自分の子どもに愛情を注ごう」と思えたほうが、つらいかもしれませんが、一歩先に進むことができるはずです。

上司や先輩からの暴言、暴力、パワハラなども同様にとらえることが可能です。それなのにいまだに日本社会には、「部下や後輩への厳しい指導も必要だったのだ」「コーチが選手を甘やかしては成績も上がらない。ときには体罰もあってよいのでは」など、暴言・暴力肯定論がくすぶっています。そういう人たちは、自分が受けた暴言や暴力についても、「あれも愛ゆえだったのだ」といまだに自分に言い聞かせているのではないでしょうか。

でも、そうやって自分をごまかし続けていると先に進むことができないのは、親からの虐待の場合と同じです。そして、それを肯定し続けているうちは、自分の部下や後輩への暴言・暴力がどこかで出てしまう可能性もあります。それは、先に述べたようにいまの時代ではパワハラと認定され、自分自身が処罰の対象になります。上司からは暴言を浴びせられ、部下には〝パワハラ上司〟として疎まれる――これでは二重の損ではないでしょうか。

それを防ぐためにも、「自分が受けた〝愛のムチ〟は不必要な暴言・暴力であった」と、一度認めることが必要かもしれません。

いまはオジサンと呼ばれる年齢になった男性たちもかつて、「できないなら会社を辞めろ！　給料泥棒！」とののしられたり、「やり直しだ！」と書類を投げつけられたり、宴会でクライアントからピッチャーに注がれたビールを一気飲みさせられたりする必要はなかったのです。百歩ゆずってその時代は〝しかたなかった〟のかもしれませんが、それは決して「高度成長期やバブル時代の良い思い出」ではなく、やっぱり〝そうでなかったほうがよかった〟のです。

## フラットな姿勢で具体的に指摘すべき

上司と部下、先輩と後輩、監督やコーチと選手、クライアントと会社の関係はもう少しフラットでよかったはずです。たとえ立場が下であっても、奴隷ではないのですから、殴ったり蹴られたり人格を否定されるような行為を要求されたりする必要はなく、ふつうの指導、ふつうの要求をして、こたえる側もふつうに応じ、できないことは「できません」と言う。これでよかったのに、とくに日本社会では、「それじゃダメだ。徹底的に厳しくするのが善」という間違った価値観が長年、幅をきかせてきました。

オジサン世代もたぶん、その間違った価値観の被害者なのだと思いますが、いまのオジサンたちはそれを終わらせ、その価値観が支配する社会を変えることができます。

部下を指導するときは、「バカか?」「甘ったれるなよ」といった罵声から始めずに、「ちょっといいかな」とふつうに声をかける。そして、あくまで具体的に「ここにミスがある」「ここはできていない」と問題を指摘する。

「一から十までダメだ」とか「そもそものヘラヘラした顔が気に食わない」など抽象的なことや関係ないことで叱られても、相手は何を言われているかわからず、その反応が指導している側の気持ちをさらに不愉快にさせます。

それよりは最初から、「この書類の5ページ目だけど、主語が書かれてないから、誰がこの事業を進めるのかがわからないんだよね」「それから8ページ目、『なる早で仕上げる』というのはしゃべり言葉だよ。このあたりは何月までに何%達成すると、具体的な数値目標を挙げたほうがいいね」などと問題の箇所に付箋をつけて、ひとつひとつ具体的に指示するほうが、部下は「はい」と聞いてくれるはずです。

「全部ダメなんだよ！　最初からやり直しだ！」と怒鳴って、その勢いを恐れた部下が「わかりました！」と返事をしたとしても、結局はどこを直してよいかもわからず、上司の満足のいくものが再提出される可能性はほとんどありません。そうすると上司もストレスがさらにたまるだけで、誰にとっても何のメリットもないのです。

部下や後輩の指導は、「とにかくお互いのストレスが最小限になるように」と考え、行なったほうがよいのです。それはもうおわかりのように、怒鳴ったりモノに当たったりすることではなく、なるべく具体的、合理的に指導することです。ともすればそれは機械的になるかもしれませんが、それでよいのです。

## 組織に忠実で身内に横暴なマジメ人間

「何かそれじゃもの足りないな……」と思う人もいるかもしれませんが、その点に関しては「日本人は変わったのだ。いや、世界の人びとは変わったのだ」と理解しましょう。

ある時期まで、とくに企業で働く日本人の多くは、精神医学の世界で「メランコリー親和型」と呼ばれる性格特徴を持った人たちだったと考えられています。これはもともと、ドイツのフーベルトゥス・テレンバッハ（1914〜1944年）という精神科医がうつ病になりやすい性格特徴として指摘したものです。私の言葉でまとめると、「几帳面で完璧主義、努力家で責任感が強く、人づきあいに細やかな配慮をし、自分よりも所属する組織の秩序を守ることを優先する」という性格です。この性格を知った当時の精神科医たちは「これって多くの日本人のことじゃないか」と思ったはずです。

私は精神科医になる前年に翻訳の出た、このテレンバッハの『メランコリー』の改訂増補版（みすず書房、1985年）を読んだのですが、次の文章を読んで「あー、患者さんじゃなくて私の先輩の医者や学校の先生はみんなこうだ！」と驚いたものでした。先の『黒部の太陽』の所長もまさにこれに該当するでしょう。

「患者自身や患者が扶養している家族の外見は、例外なく地味さと清潔さとを特徴としている。日常的な事物とのかかわりにおいては、周到な整理整頓が目立つ。職業生活は、勤勉、良心的、責任感、堅固などの標識によって規定しつくされている。対人関係にも秩序が行きとどいており、とくに、ときとしてほとんど臆病とすらいえるほどの慎重さの形で、つまり、いろいろな支障、摩擦、いざこざなどによって、とりわけいかなる形のものであれ自分が負い目を負うことによって雰囲気をこわさないようにという慎重さの形で秩序が重視される」

もちろん、こういう人たちが作る社会には大きな強みがあります。みな目標に向かって、私生活や家族を犠牲にしてがんばり続けるわけですから、大きな成果を上げることもできます。

しかし、とくに日本では、組織のためには自己犠牲的にがんばるメランコリー親和型のマジメ人間たちも、自分の部下や家族に対しては人格否定、暴言、暴力などのパワハラを繰り返してきたわけです。テレンバッハは、そういったマジメ人間の裏の顔までは知らなかったのではないかと思うのですが、逆に考えれば「身近な人間を踏みにじり、サンドバッグのようにストレスをぶつけることで、外のマジメ人間の顔を保つことができた」というのが、このメランコリー人間の実態だったのではないでしょうか。

## 組織よりも自分の生活を大切に

そして、言うまでもありませんが、いまの若い人たちの多くは、このメランコリー親和型ではありません。几帳面すぎることもないですし、「組織の秩序のためには自己犠牲もいとわない」ということもありません。

しかしその一方で、彼らは身近な友人や家族を大切にし、その人たちに暴言、暴力を繰り出したり、後輩に無茶な要求をしたりすることも少ないようです。私は、それはとても良い傾向なのではないかと考えています。たとえそれで一時的には会社の売り上げやスポーツの成績が下がったとしても、パワハラや影の暴力がなく誰もが自分を大切にしながらのびのびできる社会のほうが、長期的に見れば成長していけるでしょう。

オジサン世代も「私は本来はパワハラなんて受ける必要がなかったけれど、残念なことに時代の中でそうなってしまった。でも、私は下の世代にパワハラなどという手段を使って指導する必要はないし、私もこれからは組織よりも自分の生活を大切にしてよいのだ」と考えたほうがよいのです。そうすることで、自分が受けてきた理不尽な暴言や暴力をちょっとは許すことができ、下の世代にもやさしさを向けることができるのではないでしょうか。

# 第2章
# キレるオジサン

います。

## 見知らぬオジサンに機内で手を叩かれ事件

週末には講演で地方に出かけることも多い私は、飛行機にかなりよく乗るほうだと思います。

そして近年、「飛行機と携帯」ほどその関係が変わったものもないと、感じています。携帯電話が普及し始めてからというもの、「機内では電源を切る」が長いあいだ、決まりになっていました。ちょっとした変遷はありましたが、いつのころからか「機体のドアが閉まったら、電波が出る携帯電話やパソコンはオフに。マナーモードではなく必ず電源から切ってください」とアナウンスされるようになりました。

普及当初から「通話やメールさえしなければ、それぞれの携帯電話から出る電波は微弱で、飛行機の機器には影響を及ぼさないはず」といった批判もありましたが、そのころは機内で携帯電話を取り出して操作している人がいると、キャビンアテンダントが近づいてきて「お客様、機内では電源を……」とやんわり注意したものでした。

その後、飛行機内でも使えるＷｉ-Ｆｉが開発され、いまでは飛行機内でフライト中も多くの人が携帯電話やタブレット端末を取り出して、ＳＮＳをやったり動画を見たりしています。私ももちろんそのひとりです。一応は「機内モードにして電波の出ない設定にしてからＷｉ-Ｆｉ接続を」といったアナウンスは流れるのですが、その人が本当に機内モードにしているのか、機内Ｗｉ-Ｆｉを使っているのかを、いちいち確かめることは困難になり、実質的には「携帯電話などの使用は通話以外、野放し」状態となっています。

次の話は、かつて「機内では携帯電話はオフで」がデフォルトだったころの体験談です。

出張に出かけて帰ってきた私は、飛行機が羽田空港の滑走路に降りるやいなや、バッグに手を突っ込んで携帯電話を探しました。飛び立つ前に、勤務するクリニックから患者さんのことで連絡が入ったのですが、「いま飛行機に乗るところだから、何かあったらメールしておいてもらえますか。降りたらすぐに対応します」と看護師さんに頼んでいたのです。「メールが来ていないだろうか」と気になり、当時はまだガラケーだった携帯電話をバッグの中でついパカッと開いてしまったのでした。

すると、私の手がバチンと叩かれました。かなりの力だったので強い痛みを感じましたが、それよりも大きかったのは「えっ」という驚きのほうです。あわててまわりに目をやると、隣の席の50代とおぼしき男性が恐ろしい形相でこちらをにらんでいました。

「携帯は使うなって言ってるだろう！　迷惑なんだよ！」

こちらが「いや、まだ電源を入れてないですし」などと説明する余地もないほどの剣幕だったので、私は「すみません」とだけ言って手をバッグから出しました。

そこから機体のドアが開いて降りるまで、ものすごく気まずい時間が流れました。男性は「ちっ」などと舌打ちをして、まだイライラしているようでした。私は文字どおり〝固まって〟しまって、呼吸することさえはばかられる気がしていました。固まった姿勢のままちらちらと隣を見ると、男性はスーツでビジネスバッグを持っており、私と同じく出張帰りのようでした。会社の管理職か、あるいは経営者なのかもしれません。私は顔を伏せていたので、彼のきちんと磨かれた高そうな靴がずっと目に入っていました。

叩かれた手にケガをしたわけではないのですが、その体験は私にとってはかなりショックでした。もちろん、当時は「飛行機を降りるまで携帯電話はオフに」というのがルールでしたから、悪いのは私です。とはいえ、いきなり手を叩くだなんて……。「やめてください」と言葉で言ってくれたら、こちらも「あ、ごめんなさい」とそこで手を離したのに……。いや、やっぱりルールを守らない私に問題があるのだから、叩かれたのもしかたなかったのか……。いろいろな考えがグルグルと頭をかけめぐりました。

## わざとぶつかってくるオジサン

そして最近、別のところで似たような話を目にしました。

それはSNSで話題の「わざとぶつかってくるオジサン」のことです。ツイッターでは、「#わざとぶつかる人」というハッシュタグもできています。

そのほとんどにおいて、〝ぶつかってくる〟のは中年男性で、〝ぶつかられる〟のは女性です。男性のほとんどは〝スーツ姿〟という共通点もあります。「歩きスマホ」「女性どうしでおしゃべりしながらぶらぶら歩き」という場面が多いようですが、中には「子どもと手をつないでゆっくり歩いていただけ」とか「妊娠中でおなかをかばいながら歩いていた」というケースもあります。

じつは、これに関しても「もしかしたら」という経験を私も何度かしています。私は日によって大学に行ったり、非常勤をしているいくつかの診療所に行ったりしているのですが、週に一度、とりわけ混んだ電車に乗って出勤する先があります。乗り換えの駅のホームには転落しそうなほど人があふれていて殺気立った雰囲気なのですが、そこを歩いているときに、やはり〝スーツ姿の50代男性〟が明らかに強く後ろから背中にぶつかってきたり、すれ違うときに「あーもう」などと言いながら強引に肩を押しのけようとしたり、ということがときどきあるのです。

ただ、私には先ほどの「機内で手を叩かれ事件」で「自分に非があったのだ」と反省した経験があるので、この「わざとぶつかってくるオジサン」の話を知るまで、「自分の考えすぎだ」と思っていました。でも、さまざまな人の体験談をSNSなどで読むうちに、「これって私の思いすごしではないのかも」と疑うようになってきました。

「わざとぶつかってくるオジサン」の中には、「ケーキの箱を持っていたのに明らかにわざとドンとぶつかってきて、箱を落としてしまった」「ベビーカーを押していたところ、まったく道をゆずらずに激突してきて、事故になりそうになった」といったさらに悪質・危険なケースもあるようです。また、「わざと胸にぶつかってきた」など、痴漢やセクハラと区別がつきにくい例もあります。

## 暴行罪や傷害罪に該当する可能性も

弁護士がさまざまな法律相談に回答するサイト『弁護士ドットコム』でもこの問題を取り上げています。そこで弁護士の坂野真一《さかのしんいち》氏は、「わざと他人にぶつかる行為は、その他人の身体に対する不法な有形力の行使と言えますから、暴行罪（刑法208条：法定刑は、2年以下の懲役若しくは30万円以下の罰金又は拘留若しくは科料）に該当する可能性があります」と述べています（「街中で『わざとぶつかってくるおじさん』は暴行罪の可能性　『女性や子ども標的』SNSで報告相次ぐ」https://www.bengo4.com/c_23/n_7924/）。

そして、もし負傷した場合などは、「刑事責任で考えると、わざとぶつかられて怪我を負った場合は、怪我を負わせた側は傷害罪（刑法204条：法定刑は15年以下の懲役又は50万円以下の罰金）に該当する可能性があります。わざとではなく不注意でぶつかって怪我を負わせた場合でも過失傷害罪（刑法209条1項）に該当すると考えられます。

民事責任を考えるならば、故意又は過失により他人の身体という法律上保護されるべき利益を侵害していますから不法行為（民法709条）に該当する可能性があります」と、刑事・民事に問うことができるとも言っているのです。

ただ、「オジサン」との邂逅《かいこう》は一瞬なので、もちろん立証はとてもむずかしいでしょう。同サイトでは、「被害情報のある道を避ける、大人の男性と一緒に行動する、それがダメでも複数で行動する等、相手がわざとぶつかりにくい状況を作り出す」などと被害にあいそうな人に助言していますが、それもまたなかなかむずかしそうです。

そして、さらに大きな問題が起きることもあります。電車内や公共の施設で突然、怒鳴ったり暴力をふるったりする人も少なくないからです。その多くも残念なことに「中年以降の男性」です。

たとえば2016年4月16日には、63歳の会社員男性が、東京の地下鉄の中でつり革を引きちぎり、器物損壊の現行犯で逮捕されています。会社員は「車両内が混雑していて、立ちっぱなしで疲れていた。腹が立ったので鉄道会社を困らせてやろうと思った」などと供述し、さらには「今年3月ごろからつり革を引きちぎっていた」と余罪も認めたといいます。たしかに満員電車で座れないのはつらいことですが、だからといってつり革を引きちぎり、逮捕されて全国ニュースで顔や氏名が大きく報じられるというのは、何ともお粗末な話です。

## 待たずにすむネット生活がキレやすさを生む

ではなぜ、オジサンたちは暴走し、ときには暴力までふるってしまうのでしょうか。その感情的な爆発とインターネットとの関係を指摘する声もあります。

つまりこの背景には、オジサンたちが他者のちょっとしたふるまいにも耐えられなくなっていること、またちょっとした時間さえ待てなくなっていることがあると考えられ、この変化もネット社会とは無縁ではない、というのです。

たしかに電子メールは郵便とは違い、少しのタイムラグもなく相手に届きます。FAXのように「着信音で受け手を起こすかもしれない」という気遣いさえ必要ありません。

完全に自分の都合で、メッセージを伝達することができます。

ネットの中では、買い物もチケットの申し込みなども24時間いつでも可能です。しかも、それが深夜であったとしても、「お買い上げ誠にありがとうございました」と丁重に扱ってもらえます。また、わからないことがあれば、その語を検索したり、ウィキペディアなどのサイトで調べたりすることも即座にできます。利用者はこういった検索や事典などののサイトをいつでも思いのままに操ることができるのです。ネットでは「行列に並ぶ」「開店時間まで待たされる」ということはいっさい生じません。

つまり、利用者はネット上では、あたかも自分が時間や世界の支配者であるかのようにふるまうことができるのです。精神医学的に言えば、それは万能感の拡大と自己愛の肥大ということになるでしょう。

「相手に時間の配慮をしなくてよい」というスタイルに慣れたこの自己愛的な人たちが、そのまま現実生活にも向き合うとどうなるのでしょうか。おそらく彼らにとって現実は、耐えがたいほど理不尽で不本意なものに見えるに違いありません。そこで、少しでも丁重ではない扱いを受けたり、ほかの人たちと同様に列に並ぶように指示されたりすると、彼らの肥大した自己愛は深く傷つき、その反動で怒りの声を上げてしまうわけです。先の例の「キレるオジサン」の中には、このように自己愛の肥大が促進されるネットの世界のルールを、そのまま現実社会でも適用しようとする人たちが含まれているとも考えられます。

## 加齢による前頭葉の衰えが影響

しかし、「ネットの影響」だけなら、中年以降の男性にかぎったものではないはずです。ここにはやはり、一定の年齢以上の男性特有の問題が関係していると考えられます。

そのひとつに、「脳の変化」があります。「脳の変化」などというとすぐに「アルツハイマー病か、失礼な」と思うかもしれませんが、そうではありません。

いま、本書を読んでいるあなたは何歳でしょうか。私はいま58歳なのですが、最近、めっきり固有名詞が出てこなくなり、患者さんの前で「あのクスリ、効果はいかがでした？　このあいだ出した睡眠の……えーと……」と自分で処方したクスリの名前がパッと口から出てこなくて、恥をかくことが増えてきました。とはいえ、そういうとき患者さんから「先週のクスリですか？　レン何とか？」と手がかりが与えられると、すぐに「あ、そうそう、レンドルミンでしたね、たしか0・25㎎錠をまずは半分、それで効かなければ1錠飲んで、と話したのでした」とすっかり思い出せます。レンドルミンというクスリを見ても、「これ何だっけ？　見たことはあるんだけど、高血圧のクスリだったか胃炎のクスリだったか忘れてしまった」というタイプの記憶障害ではないのです。

このように、その記憶じたいはなくなっていないのに、それを思い出すことができないことを「想起力の障害」と言います。そして、この「想起力」をつかさどっているのは、脳の中でも記憶力の中枢として知られている「側頭葉の海馬《かいば》」ではなくて、前のほう、つまり「前頭葉」なのです。

前頭葉は大脳の機能のうち、いちばん〝人間らしさ〟に関係している場所です。理性的な思考や他者への思いやりなどの道徳心、感情そのものではなくて感情のコントロール、そしてこの記憶の想起などにかかわっているのが前頭葉なのです。

診察室でも「先週のクスリ……あれ？　何だっけ？　どんなクスリだとか効能だとかは全部わかるのに、固有名詞が出てこない……えーと……」と患者さんの前で冷や汗をかくことが増えた私は、確実に前頭葉が衰えつつあると言えます。

この前頭葉は加齢の影響を受けやすく、脳のCTを撮ると、CT画像で上のほう、つまり前頭葉のあたりと頭蓋骨との隙間は、若いときにはほとんどないのに、50代をすぎると脳の前のほうのシワがはっきり写るようになります。つまり、前頭葉が萎縮してその分、シワがわかるようになるということです。

ちなみに、私は40代のときに頭痛がひどくて一度だけ脳のCTを撮ったのですが、50代になってからは撮っていません。前頭葉が確実に萎縮してシワが見えるようになったのを知るのがイヤだから、というのも理由のひとつです。

もし、これを読んでいる人が「そういえば最近、オレもサッカーの話をしていて、ほら、ほらあの選手……何だっけ……いつだったかのワールドカップでハットトリックを決めたヤツ……ハリウッド女優と結婚したヤツだよ……」と肝心の固有名詞が出づらくなってきたと感じているなら、その人も私の〝仲間〟です。残念ながら脳の前頭葉が確実に衰えつつあると言えます。じつは前頭葉は30代から徐々に衰え始めると言われていますが、はっきりと「若いときとは違うな」と機能の低下を自覚するようになるのは、やはり50代に入ってからでしょう。

とはいえ、「名前が出づらい」というくらいなら、「このトシになればみんなそうだよ」と笑ってすませられます。政治家などのように人前で話す機会が多い場合なら、「アレですよアレ」「えーと、誰だっけ……ほらあの人」などと固有名詞が出づらくなった姿をさらすのはかっこ悪いですが、私などはクスリの名前を忘れてもカルテをさっと見返したり、ひどいときには患者さんに「いまお飲みのクスリ、何でしたっけ」と尋ねたりすればよいから、それほど支障はないと思っています。

## 「感情のコントロール」は前頭葉の働き

ところが、前頭葉のさまざまな機能の中でも、想起力以上に大切なのが、先ほど記した「感情のコントロール」です。

私たちの脳には、表面を覆う大脳新皮質の奥に、旧皮質と呼ばれる、感情や感覚などを自動的につかさどる部分があります。電車内で足を踏まれて「ひどい！」とカッとなるなどというのは、私たちの意思とはほとんど関係ない、自動的な反応です。昔、別の場所で足を踏まれた記憶などがフラッシュバックしてくることもあります。そういった一連のプロセスは、大脳新皮質ではなくてその奥の旧皮質で一瞬のうちに起きるのです。

そこからが前頭葉の出番です。

「ん？　旧皮質がずいぶん熱くなってるぞ。なになに？　足を踏まれた？　昔、職場でいやがらせで上司に足を踏んづけられたことも思い出した？　ちょっと待てよ。ここは満員電車の中だぞ。足を踏んだのはどうやら若い女性じゃないか。体勢を崩してたまま足がこっちの足の上に乗ったんだよ。ワザとじゃないだろう。それに相手も申し訳なさそうな顔をして頭を下げてるじゃないか。ここは怒りを鎮めて冷静になろうよ……」

前頭葉はこういう判断を短い時間で行ない、「ひどい！」と思ったその感情を言葉にはしないようにし、赤くなった顔色を元に戻すように自律神経に指示し、顔の表情を元に戻します。そして、青くなって「すみません」と謝っている女性に、「大丈夫ですよ」と余裕の笑顔でこたえるという〝演出〟までをしてのけるのです。

つまり、前頭葉が衰えるということは、こういった判断や〝演出〟ができなくなるということです。すると、足を踏まれて「痛い！　ひどいじゃないか！」と感じた瞬間に、それが口に出てしまいます。表情もけわしいままで元に戻せません。

さらに、その最初の怒りやイラだちが一瞬で脳の中に広がり、過去の似た経験のフラッシュバックと手を組んでさらに過剰な感情的反応や攻撃的行動へとエスカレートすることもあります。ところが、衰えた前頭葉はオロオロするばかりで、「もうやめようよ」とそれをコントロールすることができないのです。

そうなると、不必要な大声で怒鳴ったり、場合によっては暴力にまで発展したりするようになってしまいます。これが「中年以降の男性がキレやすい」ことの大きな理由なのだと考えられます。

## 「男は偉いはずなのに」というフラストレーション

では、高齢女性もキレるのでしょうか。それはそうでしょう。

しかし、女性の場合、キレて「やめなさいよ！」「ひどいんじゃないの！」などと声を出したり、クレーム窓口に駆け込んだりはしても、暴力をふるって事件にまでなることはあまりありません。

なぜ「女性より男性が暴力をふるいやすいのか」にはさまざまな説がありますが、一般的に言われているように「男性ホルモン（テストステロン）の分泌や遺伝子のプログラムにより、女性より体格がいい、力が強いといった身体的特徴を持っているから」という生物的理由と、「子どものころから〝男であるだけで偉い〟というおかしなすり込みを行なわれているから」という文化的理由の両方が考えられます。

とくにやっかいなのは後者です。「男であるだけで偉い」などというあまりにも単純な価値観はいまではかなり修正されつつありますが、それでも男児が生まれると祖父母が「でかした！」と喜んだり、女児が生まれると知人が「次こそは男の子が生まれるといいわね」と言ったりと、世間の価値観の中にはいまだに「男の子のほうが女の子よりありがたい」という〝男の子信仰〟のようなものが生きているのがうかがえます。

私の実家の両親はいわゆる昭和ヒトケタ世代にしては新しめの価値観の持ち主でしたが、それにもかかわらず、母親がときどき私の弟に「あなたは男の子なんだから、きっとうまくいくわよ」といった言い方で励ましている場面を見て、私は「この母にしてもそんなことを言うのか」と驚いた記憶があります。私は反対に「女の子なんだからうまくできるはず」などと言われたことはありません。

もちろん、いまの学生たちはまさに「男も女も関係ない」というフラットな価値観の中で育っており、ゼミ合宿でも男子学生が率先して食事の準備をすることもめずらしくありません。

しかしそれでも社会に出ると、彼らのふるまい方もだんだん変化していくように見えます。卒業後数年が経過し、「久しぶりにゼミの同窓会をしよう」などと誰かが言い出して集まるころには、女性がお酌をしたりサラダを取り分けたりし、男性は男性どうしで「ウチの会社はさあ」などと仕事の自慢や苦労話に夢中と、どこか男尊女卑的な雰囲気が漂う場合があるのです。

もしかするといまの中年以降の男性は、私の弟のように「男の子なんだからきっとうまくいく」と母親などに言われて育ってきたのに、いざ社会に出ると「これからは男も女も関係ない」などと言われて男性であることのメリットを十分に享受することもなく、「おかしいな」というフラストレーションをずっと抱えてきた世代なのではないでしょうか。

「もう少しうまくいってもよかったはずじゃないか」

「どうしてオレの上司が女性なんだ？　どうして女性に『部長』と呼びかけて、その指示に従わなければならないんだ？」

　こんな不満が脳のどこかに常に〝格納〟されているので、前頭葉が衰えてくる年代になると、ちょっとした怒りも憤りももう我慢できなくなるのかもしれません。

## 一見、お金の問題が引き金に見えるが……

　前頭葉の衰えの影響でもっと怖いのは、店で「これがほしい」と思ったらその場で取ってカバンに入れてしまったり、「きれいな女性だな」と思ったらその場で触ってしまったりと、万引きや痴漢などの犯罪につながるケースです。

　じつは日本ではいま、全体の犯罪（刑法犯）は減少しつつあるのですが、全検挙者に占める65歳以上の高齢者の割合は、１９９０年以降増える傾向にあります。平成30年版『犯罪白書』によると、２０１７年の高齢者の犯罪は１９９８年と比較して約３・４倍となっており、人口10万人あたりの犯罪者率も65～69歳で約１・５倍、70歳以上で約

2・5倍に上昇しています。その中でも多いのが「窃盗犯」で、高齢者全体の約7割を占めているのですが、その中でも万引きがその約8割近くを占めています。

なぜ高齢者が万引きに走るのでしょうか。法を犯して逮捕、起訴された高齢者の裁判を傍聴してきたライターの高橋ユキ氏は、その著書で犯行の理由についてこう言います。

「まずなんといっても多いのが〝カネの問題を抱えていること〟だ」（『暴走老人・犯罪劇場』洋泉社新書、２０１７年）

もちろん定年まで勤め上げ、退職金を受け取り、そのあとは年金暮らしという比較的恵まれた高齢者もいるのですが、そうした人ばかりとはかぎりません。現役時代に正規雇用の仕事につけなかったために、退職金がなかったり、年金を納めておらず受給もできなかったりという場合が少なくありません。

## 「どうしてこんな目にあわなければならないのか」

前著の中で高橋氏は、そこまでではなくても良いときとそのあととで収入にギャップがある人も犯罪に走りやすいと言います。再び引用しましょう。

「現役時代に自分で会社を興したり事業を始めたりして仕事に邁進し、一時は人よりも稼ぎのいい時期もあったが、時代の変化によって徐々に状況が悪化していったパターン」

こういう状況なら、高齢者でなくても訪れることがあるでしょう。以前、診察室でこういうケースに出合ったことがありました。プライバシーに配慮して改変を加えながら振り返ってみましょう。

50代後半のその男性は、40代までは外資系の金融機関に勤め、かなり羽振りのよい生活を送っていたようでした。ところが、50代に入ったときに思わぬ難病にかかってしまい、仕事を続けることができなくなってしまいました。

「総務みたいな部門に回そうか、とも言ってもらったんですけどね。深夜まで仕事を続けてた人間がいきなり窓際みたいなところに行ったら、まわりもおかしいと思うでしょう。だから断りましたよ」

そのときちょうど50歳。その年齢ではなかなか次の仕事も見つかりません。外資系だったので退職金はなく、その分、毎月の報酬に上乗せされていたはずなのですが、「貯金は50代になってから」と考え、それまではほとんど蓄えていませんでした。〝自分への投資〟と考えて旅行、コンサート、食事や洋服などに夫婦で使ってきたのだそうです。

「病気を抱え、仕事も収入もない50代」という予想もしていなかった人生の展開に、男性はあせりと怒りを感じました。病気じたいは幸い、命にかかわるものではなかったのですが、医者からは「無理はできない」と言われ、ずっと薬を飲まなければならなくなっていました。

「それまであんなにがんばってやってきたオレが、どうしてこんな目にあわなければならないのかって」

プライドもあり、同級生に「何か仕事ないかな？」などと聞くこともできませんでした。わずかな貯金はあっという間に底をつき、専業主婦の妻は「これからどうするの？」と毎日、男性を責めたてるようになりました。妻にもまた「外資系企業に勤める男性の妻」というプライドがあり、「いまさらパートタイムの仕事になど出たくはない」と言ったそうです。

毎日、夫婦げんかが続き、あるとき男性はついに妻に対してキレてしまいました。そして、それまでまったくなかったことですが、「うるさいんだよ！」と妻を強く突き飛ばしてしまったのです。

妻は後ろにひっくり返りそうになり、あわてててついた腕の手首が骨折してしまいました。警察を呼ばれることはありませんでしたが、「こんな恐ろしい人とはもういっしょにいられない」と、妻は家を出てホテルに宿泊するようになりました。そして、弁護士を立てて離婚と慰謝料の請求をしてきました。夫も弁護士に相談に行ったのですが、「あなたはまず心療内科に相談に行ったほうがよい。形相があまりにゆがんでいる。このままではまた何か犯罪を起こしてしまうのではないか」と勧められて受診した、というのでした。

この男性の場合、まだはっきりとした犯罪に走ってはいなかったものの、妻への暴力は明らかに問題です。診察室でも「慰謝料を払うことになったら強盗でもするしかない」「次に妻に会ったら激昂《げっこう》して自分でも何をするかわからない」と自ら言っていました。

もしこの男性が万引きや強盗をしたら、世間はやはり「カネに困って」と考えるのでしょうか。たしかに間違いではないかもしれませんが、それが最大の理由ではありません。彼にとっては、「昔はあんなに活躍していたのに」という〝過去と現在のギャップ〟

がいちばんの苦痛なのです。

私は「その難病はけっこうやっかいなものですよね。病院に行くともっと重症の人もいるでしょう？　そういう人を見て、ひそかに〝自分はこの程度で幸いだった〟とは思いませんか？」と言ってみたのですが、「いや、まあ」といったあいまいな返事しか戻ってきませんでした。その男性にとっては、他人との比較よりも〝過去の自分との比較〟が問題なのです。

## 過去の栄光を忘れられない人は危険

犯罪あるいは暴力へと暴走してしまうオジサンたちにも、もしかしたら同じような心理がひそんでいるのではないでしょうか。

極貧といった例も一部にはもちろんあるでしょうけれども、少なくともこの章で取り上げてきたような男性たちは、いずれも生活はそれなりに営めている人たちでしょう。「わざとぶつかってくるオジサン」などは、ほとんどが現役のビジネスマンなどだと思われます。万引きのニュースでも、「放送局の部長」「教員」といった社会的な地位がむしろ高い中年男性の逮捕がときどき報じられます。

もちろん、彼らひとりひとりにさまざまな理由があるのでしょう。ただ、おそらくその全員が「いまはとても幸せ」とは思っていなかったはずです。いや、逆に私の診察室に来た男性のように、「こんなにがんばってきたのに、どうしてこんな目に」と、日々の仕事あるいは自分の扱われ方、報酬に関する不平や不満で心がいっぱいだったに違いありません。中には、まわりの人たちとではなくて、〝過去の自分との比較〟でそうなっているオジサンもいることでしょう。

昔はもっと活躍してたのに。昔はもっと大切にされてたのに。昔はもっと女性にもモテたのに。昔はもっと夢があったのに……。

オジサンたちの心の中にいる〝昔の自分〟は、いつも実際以上にキラキラと輝いているのかもしれません。また、年齢を重ねれば体力や記憶力などには衰えが出てくるものですし、働ける時間が減少すればもしかすると収入が若いときより下がるかもしれません。しかし本当は、それは失敗、敗北、堕落などではなく、「そういう場面を迎えたのだ」というだけのことでしかありません。また自分を〝昔の自分〟と比較して嫉妬したり恨んだりしてみても、そこで何かが解決するなどということはありえません。

脳の変化も起きてきて、感情を抑えるのが不得意になっているとはいえ、「昔の自分といまの自分とのギャップに耐えられなくて」といった理由で、誰かを殴ったりモノを盗んだりしてしまっては、人生は台無しになってしまいます。

## 感情労働につけこむクレーマー

また、そこまでの暴走でなくても、最近はクレーマーオジサンも目につきます。ファミレスなどで「もう30分も前に頼んだのにまだか!」と店員に怒鳴り、「申し訳ございません。ただいまお作りしております」などと謝罪され、状況や理由を説明されてもまだ「客を何だと思ってるんだ!」と怒り続けるといった例です。中には決まり文句のように「あんたじゃ話にならん! 上の人を呼んでこい!」と要求する、〝上の人を出せオジサン〟もいます。

この人たちには、「お金を払っている消費者(客)には絶対的な権利がある」、そして「お金を払っているからには喜ばせてもらえるはず」という思い込みがあるようです。

こうしたケースでその〝犠牲〟になるのは、自分の感情を抑えて相手の感情をなごませる、「感情労働（emotional labor）」に携わっている人たちだと考えられます。

「感情労働」とは耳慣れない言葉だと思いますが、社会学者のA・R・ホックシールドが1983年に提唱した概念であり、彼の主著である『管理される心―感情が商品になるとき―』（石川准他訳、世界思想社、2000年）によると、感情労働を行なう人は「自分の感情を誘発したり抑圧したりしながら、相手のなかに適切な精神状態――この場合は、懇親的で安全な場所でもてなしを受けているという感覚――を作り出すために、自分の外見を維持しなければならない」とされています。

つまり、感情労働に携わる人にとって、感情は「効果的に管理される商品」なのです。ファミレスで「いつまで待たせるんだ！　上を呼んでこい！」と怒鳴るオジサンは、スパゲティやハンバーグの料金の中に「感情代」も含まれることを直感的に感じ取っているのかもしれません。

この感情労働の代表的な職種は、接客業と営業職です。そのほか福祉職や看護・介護職、教育職にもこの感情労働の側面があると考えられています。これらの職につく人は、

〝お客さま〟である利用者、患者、生徒の感情をよりフラットに、ときには明るく保つために神経を遣い、ときには自分側の感情を強く抑制しなければなりません。しかも、ただロボットのように抑制するのではなく、あくまで相手が不快を感じないような方向に自分の感情を調整しなければならないのだから、とてもたいへんです。

肉体労働は身体に、頭脳労働は精神に負担をかけると考えられますが、この感情労働も、それに携わる人に大きなストレスを与え、その心身をむしばむことに、最近、注目が集まっているのです。それはときにはうつ病などのメンタル疾患を、また狭心症や胃腸の機能不全といったフィジカルな疾患をもたらし、さらには慢性疲労や燃えつき症候群といった心身両面にわたる障害の原因にもなります。

## キレる患者と暴走ドクターが衝突することも

最近は、私のいる医療現場でも、医師や看護師が「患者さまは〝お客さま〟」として接することが要求されています。じつは医療現場でこの動きが始まったのは、日本ではなくてアメリカにおいてでした。1970年代にアメリカでは「患者の権利」を求める動きが盛んになり、患者の知る権利や自己決定の権利を尊重するためにきちんと情報提供をする「インフォームド・コンセント」という形でそれはまず広まりました。しかし、それがどんどんエスカレートし、「患者は知る権利を持つと同時に、診療代を支払う〝消費者〟なのだから、それ相応のサービスを受けるのが当然だ」という声も大きくなっていったのです。

この社会の側の意識変化により、私たち医者ももはや「言葉は少ないけれど腕はいい名医」などではいられなくなりました。目の前の患者ににこやかな表情で自己紹介をし、具合を尋ね、きちんと検査結果や診立《みた》てを説明し、選択肢を示して選んでもらった上で治療方針を決定しなければなりません。また、ただ自分の持てる医療技術を与えるだけではなく、患者の感情面にも配慮して、もし不安や恐怖があればそれを取り除くのも、専門にかかわらず医師の共通の役目と考えられるようになりました。

じつは、医者の中には、この変化にうまく適応できていない人もいます。とくに50代以上の男性医師は、これまで診察室ではどちらかといえば〝王さま〟のようにふるまっても許されたのに、それが通用しなくなってしまったことに戸惑う人が多いようです。

いまだに「黙ってこのクスリを飲めばいいんだ！」と言ったり、患者の質問に「シロウトに何がわかる！」と言い返したりするといった〝暴走ドクター〟がときどき生まれることもあります。もちろん男性患者の側も「その説明のしかたは何だ！」と大声を上げ、ときとして診察室の中で60代くらいのふたりの男性が怒鳴り合う、という地獄のような構図が出現することもあります。

そして逆に、意識の改革ができてうまく変化に適応している男性の医者の中には、今度は感情労働によるストレスを受けてまいってしまう人もいます。患者やその家族からさまざまな要求をされたとき、昔のように「イヤなら来なくてけっこうです」などと関係を断つことなどありえず、なるべく丁寧に説明をしようと試みます。しかし、何せコミュニケーションに慣れていないものですから、それが必ずしもよい結果を生むとはかぎらず、患者や家族の側の感情がさらに悪化してしまうこともありえます。そうなると激しく消耗し、自責感や虚無感にとらわれてしまい、「何のためにこの仕事をやってきたのか。もう辞めたい」と落ち込んでしまうのです。

医師の自殺率は一般の人より高いと言われており、日本では年間に約１００人が命を絶っています。その理由には過重労働や医療ミスでの提訴なども考えられていますが、これまで説明してきたように、患者側の意識の変化で高いコミュニケーション能力や感情調整能力を求められ、それについていけずすっかり疲弊してしまう、というケースもあるのではないかと思われます。

私もそんなシニアの男性医師から相談を受けたことがありますが、その人は十分、高度な医療を提供できているにもかかわらず、「これじゃいけない。医者として、患者さんやその家族にはこれくらいのことを提供できなければならない」と高い目標を設定し、それが挫折して自分は無価値だと思い込む抑うつ状態に陥っていました。私はひそかに、「医者がとにかくまわりから〝先生、先生〟と尊敬されていた時代には、こういうことは起きなかっただろうな」と考えました。それでもまだ、落ち込んでうつ状態になるほうが、〝暴走ドクター〟となって怒鳴ったり暴れたりするよりはよいのかもしれませんが。

## 感情のセルフケアは現代を生き抜く必須条件

医療の仕事のようにサービスを提供する側になる場合でも、またファミレスの客としてサービスを受ける側になる場合でも、まず大切なのは自分の感情の状況をモニタリングすることでしょう。いま、自分はイライラしているか、クヨクヨしているか、それともおだやかでゆったりした気持ちなのか、それを自分で把握することが何より大切です。

そして、とくにサービスを提供する側にいる人は、「感情労働によってもストレスが発生する」という事実を受け入れ、それを解消するための工夫もすべきです。とはいえ、それは決して、大酒を飲むとかギャンブルにのめり込むといった、それが終わったあとで自己嫌悪を促進するようなものを選ぶべきではありません。できれば「ストレスのないコミュニケーション」が望まれます。つまり、家族や友人、ペットなどストレスなくつき合える誰かや何かとふれあって、自分をそのままですんなり受け入れてもらい、「忖度《そんたく》や過度な配慮がなく、言葉をやり取りできる」という実感を持つということです。

たとえば私たち医者にとって、この仕事がかつてとは違ってきていて、感情労働にシフトしてきているというのは、良いとか悪いとかいう問題ではなく時代の要請と言わざるをえません。その変化に過剰に適応することも、その変化を拒絶することもなく、自分でストレスにならない範囲で「相手の感情面にも配慮できるように」というあたりを目指してみましょう。もちろんサービスの受け手になる場合も、「とにかくカネを払ってるんだから何でもやってもらう」という態度になるのを抑えるのです。

そして、いずれにしても「過去の自分との比較」で不毛なストレスをためるようなことはせずに、いまの自分をまず自分で受け入れ、信頼できる誰かにも受け入れてもらえるようにするのが大切です。それくらいの心のセルフケアは、やはりいまの時代を生きるオジサンならマストであると言えるのではないでしょうか。

# 第3章 情弱オジサン

## キャバ嬢の口説き方を連続視聴

突然ですが、あなたはスマホを使っていますか？

ほとんどの人がいまや「はい」と答えるはずです。50代あるいは60代の男性には「スマホではない。フィーチャーフォンいわゆるガラケー」という人も1割かそれ以上はいるかもしれません。ただ、その世代であっても「携帯はいっさい持っていない」という人は、よほどの信念でそう決めている、ごく少数派でしょう。

スマホとガラケーの違いは、何といっても前者はユーチューブなどの動画が見やすいということです。もちろん検索やSNSもスマホのほうがやりやすいのですが、ガラケーでもできないことはありません。ただ、動画に関してはこれはもう、圧倒的にスマホの得意分野です。

ところが、「動画が見やすい」というのは「動画を見るのがやめられない」ということにもつながります。

これは私が実際に体験したことなのですが、新幹線である出張に出かけたとき、隣の席にたぶん私と同じか少し上、60歳くらいの男性が座りました。ネクタイはしていましたがスーツではなくカジュアルなジャケットだったので、自営業の方かもしれません。

　隣の席の人のスマホをのぞく趣味はない私ですが、ワゴン販売のコーヒーを買うときにチラリとその画面が目に入りました。するとそこには、ミニスカートの女性の動画とともに「キャバ嬢は身の上話に弱い！」という大きな文字が見えたのです。「えっ、何これ」と気になり、もう一度、チラッと横を見ると今度は「あとは徹底的に口説くべし」という文字が見えました。どうやら男性が見ていたのは、「キャバ嬢の口説き方」を指南する動画のようでした。

　男性は夢中でその画面に目をこらしているようです。「女性はお金のために割り切ってキャバクラで働いているだけなのに、こんなオジサンに本気で口説かれたとしたら、かなりイヤだろうなあ」と、私は他人事ながら気が重くなりました。

「しばらくしたら飽きて寝るか、雑誌を読み出すかするだろう」と思っていたところ、実際に10分くらいすると動画が終わったのか、「あーあ」とスマホから目を離してあくびをしました。私が「さすがに飽きたんだな」と思っていると、男性はまたスマホに目を落とします。チラッと見ると、ひとつの動画が終わるとすぐにまた「次のおすすめ」が出てきて、それをクリックしようとしています。そして、そこで字幕に現れたのはまた「キャバ嬢の気持ち」という文字……。

結局、そんな感じで新幹線を降りるまでずっと、男性は動画を見続けていました。もちろん私もずっと「何を見ているのか」とチェックしていたわけではないのですが、ときどき何となく隣に目をやると、画面には常にキャバ嬢らしき女性の姿や「ここで全員で乾杯！」などの文字が映っています。おそらく男性は「キャバ嬢の口説き方」というテーマに関連した動画を、「次のおすすめ」が出てくるがままに、次から次へと見ていたのではないでしょうか。

もちろん、他人がどんな動画を見ようと勝手です。その男性はもしかしたら飲食店の経営者で、仕事の必要があってそれらの動画を見ていたのかもしれません（そうは考えにくいのですが……）。でも、もし男性が個人的な興味でそれを見ていたのだとしたら、ちょっと情けなさすぎるのではないでしょうか。

## 見続けてしまうと内容を鵜呑みにしがち

ただ、私も人のことは言えないのもたしかです。

これはあまり人に言っていないのですが、私はじつはパンダが大好きで、上野動物園の年間パスポートを持っているほどです。最近はパンダを見に行って動画を撮影し、それをネットに投稿してくれる人もいるので、私はその人をユーチューブで「チャンネル登録」して、新しい動画をアップしてくれるたびに楽しんで見ています。

そして、その数分の新着動画を見終わると、必ず「次のおすすめ」として別の人が撮ったパンダ動画や海外のパンダ動画が出てきます。それを見始めるとキリがないので、なるべく1本の動画でやめることにしているのですが、ちょっと時間がある電車の中などではつい、「あと1本、もうあと1本……」とパンダが動く映像を延々と見続けていることがあります。

最近はユーチューブなどの動画サイトのユーザー属性分析はとても進化していて、こちらの興味にバッチリあった動画をすすめてきます。「これが好きならこっちも見たいでしょう?」と言わんばかりに〝おすすめ〟が表示されると、途中でやめるのがむずかしくなるという気持ちは、私もよくわかります。

しかし、その結果どうなるでしょう。私なら「パンダ動画」ばかりを、先の男性なら「キャバ嬢の口説き方」の動画を1時間、2時間と見続けることになるのです。そこで「もう見すぎて飽きた」となればまだよいのですが、結局は長く視聴するとその分、知識も増えるので、さらにそのテーマに関心がわいてしまいます。

また、自分の好みにより近い動画がすすめられるので、内容を批判する気持ちもどんどん失われます。たとえば私の場合、上野動物園のパンダが親子でたわむれる動画をよく見ていたのですが、一方で、外国の動物園では早い時期からパンダの親子を引き離し、独立した生活をより早く営ませようとしているところもあります。パンダは基本的には単独生活をする動物なので、笹などをある程度食べられるようになったら早く断乳して、親から離した獣舎で生活をさせるべきとの考えもあるようなのです。

でも、「親子のパンダ」のかわいらしい動画を毎日見ている私には、「親子を早く離すべき」という考え方は到底、正しいとは思えません。いつの間にか、「パンダの親子はいつかは独立した生活を送るんだから、なるべく長くいっしょにいさせてあげるのがいいと思う」などと人に話したりもしていました。

私は思わずそう口にしたあるとき、この自分の「考え方の偏り」に気づいてハッとしました。そして、「同じような傾向の動画を見すぎるのは本当に怖い」とつくづく思ったのです。

## 若い世代のほうがネット情報に懐疑的

とくにこれは、ＳＮＳや動画などいわゆるネットとのつき合いがおとなになってから始まった、ある年齢より上の世代に起きやすい現象のようです。ネットというメディアとのつき合い方、ネットに関していわゆる「メディア・リテラシー」があまり身についていない世代に生じがちです。ネットの世界では、このメディア・リテラシーがないためにネット上のおかしな情報を鵜呑みにする人などは「情報弱者＝情弱」と呼ばれています。

私は大学で若い学生たちとも接していますが、彼らはものごころついたときからネットと接していたこともあって、ニセモノの情報を見分けるカンも備えていることが多いのです。

私があるとき「動画って、一度見始めると次から次とおすすめが出てくるからやめられないよね」と言うと、学生たちは「どうして？　やめればいいじゃないですか」「ユーチューブ動画はシロウトが投稿してるだけだから、何か偏ってる気がするんです。それよりもちょっとお金払ってもネットフリックスで海外ドラマを見たほうがいいですよ」などと口々に言いました。彼らには「あなたへの次のおすすめ」に無限に支配されるという現象は、起きにくいようです。

さらに、彼らには「ネットに書かれていることは真実とはかぎらない」という共通認識もあります。何事もネットで検索してしまう若者たちですが、それでもネットの情報に関してはどこか「しょせんネットでしょ」と冷めた目で見ています。何でもネット検索するからなおさら、いつの間にか考え方まで偏ってしまう、とはなりにくいのです。

その点、ネットとのつき合いの浅い世代には、きれいに整えられたホームページや、写真や文字ではなく動画であるということだけで、「おおっ」と驚く人さえまだいます。

その分、ネットに目が釘付けになったり、その内容を素直に信じたりしやすいのかもしれません。

## ヘイト動画はしょせん商売目当て

とくにユーチューブには最近、政治的なテーマを扱った動画も多くなっています。

誰でもすぐに動画サイトを開くことができるいまの時代、自分のサイトでたくさんのアクセス数を稼いで収益化を狙う人たちが大勢います。そして、そんな人たちに「情報商材」というネタや字幕のフレーズなどを売るビジネスがあります。彼らがそうした情報を買ってサイトを開くときには、なるべく人目を引くような内容や表現のほうがアクセス数を稼げます。だからどうしても、「韓国は裏表のあるひどい国だった」「中国で見つけた詐欺ビジネス」といった、煽情的なネタの動画が多くなるわけです。

その多くはデマだったりひとつのことを針小棒大に表現しているだけだったりするのですが、5分や10分程度の動画ではその真偽を判断するのもむずかしいものです。また、オジサン世代は「動画」というだけで「テレビと同じ」と受け取ってしまいがちです。

しかも、テレビに対する信頼感が厚く、「動画で言っていたのだから本当なのだろう」と信じ込みやすいという弱点があるのです。若い世代が「動画なんだからウソだろう」と疑いを持つのとまったく逆です。

そして、いったんそういう動画を面白半分で見てしまうと、先ほどの「おすすめ」のメカニズムにより次から次へと同じような動画が出てきます。そこで先ほどの男性や私のように「まあいいか」と見続けてしまうと、いつの間にか、「そうか、これだけたくさんの人が言っているということは、やっぱり韓国は日本を転覆させようと目論んでいるのか」と内容まで固く信じ込んでしまうことになりかねません。

## ネットのデマに踊らされた〝地元の名士〟

ネットメディア『日刊ＳＰＡ！』に、そういう男性の中でも極端なケースが取り上げられていました。タイトルは、「突然、父がネトウヨに…スマホで右傾化する高齢者たち」です（２０１８年12月４日配信）。

２０１８年、『余命三年時事日記』というブログに煽動されて、面識もない全国の弁護士に大量の懲戒請求を行なった人たちが、逆に弁護士たちから損害賠償を請求される、という出来事が起き、ＮＨＫの『クローズアップ現代＋』に取り上げられるなどちょっとした社会的話題になりました。そのブログはおもに「日本は韓国人に乗っ取られようとしている」といった人種差別、民族差別に基づいたデマを書きつづるもので、その弁護士たちに関しても「外国の勢力と通じて武力を行使させる『外患誘致罪』にあたり、死刑に相当する」など、誰が見ても事実には反する内容に基づいて懲戒請求を行なうように煽っていました。

それに乗せられ、懲戒請求を行なったと思われる人は全国で約千人。いったいどういう人たちがそんなバカバカしいデマを信じてしまったのでしょうか。

先の記事には、懲戒請求を受けた弁護士のひとりの証言が載っています。

「和解の申し入れや謝罪などの連絡をしてくる人が何十人かいるが、一番若い人で40歳。60歳や70歳という人もいたので、平均年齢は高いと感じました」

『クローズアップ現代＋』でも同様の分析を行ない、その中には医師や会社経営者など社会的地位が高い人もいたと伝えていました。決して情報を吟味する能力が低いと思われる人や若くて善悪の判断がつかない人が煽動されたのではなかったのです。

なぜ、60代などのシニアで社会経験もある人が、このようなくだらない差別デマを信じてしまったのでしょうか。

記事で取り上げられているのは、73歳の男性です。地方の国立大学を出て、地元の地方銀行一筋に勤め上げ、支店長も経験したいわゆる〝地元の名士〟だった男性は、その息子である週刊誌の記者に、あるとき「中国人や韓国人は脳の構造が日本人と違うからノーベル賞が取れない」と言ったそうです。それに息子が反発すると、「お前も記者なら南京大虐殺や従軍慰安婦について、本当のことをちゃんと書け！」と怒鳴り始めるなど、ネットにあふれている差別デマや歴史修正デマにすっかり感化されていることがわかりました。

いったい〝地元の名士〟が、なぜそのようなことになったのか。息子である記者の分析を引用しましょう。

「あり余る時間を読書に充てたことで、とにかくいろんな本を読むようになった。その中にいわゆるヘイト本が交じっていたのがきっかけだと思います。そうした本をスマホで検索すれば、ほかのヘイト本やネトウヨ系サイトが出てきます。ネットに耐性のない高齢者がそういう情報に触れて鵜呑みにしたんだろうと思います」

ほかにも同じようなケースが紹介されたあと、先の弁護士が懲戒請求をしてきたシニアについてこうまとめます。

「彼らの傾向として平均年齢が高く、素直な人物が多いという印象。『日本をよくしたい』という自分の考えに沿うようなネット情報に出合えばそれを疑わず、付随して表示される偏った関連情報を延々と閲覧して、自説を強化してきたのでしょう。ただその素直さゆえに、テレビで大量懲戒請求の問題が大きく報じられたことで、『いけないことだったんだ』と反省したんだと思います」

「素直」「疑わない」「関連情報を延々と閲覧」「自説を強化」

このあたりがキーワードのようです。これらの要素が重なり合った結果、いつの間にか「韓国は国として反日のウソツキだ」「南京大虐殺は中国の捏造《ねつぞう》だ」といったあまりに偏った意見を信じ、口にするようになってしまったのです。

もちろん、日本では「思想の自由」「表現の自由」が憲法で定められていますから、

「そう信じて何が悪い」という人の考えを無理やり変えることはできません。しかし、前項で話したように、そういう意見をネットで発信している人の多くは、信念を持ってやっているというより、収益化を狙って、つまりお金のためにビジネスとしてわざと過激なことを言っているのです。そのことを踏まえずに、「これぞ真実なんだ」と信じ込んでしまうのはあまりに〝素直すぎ〟と言えます。

## 好みを精妙に分析するプログラム

ネット・メディアの動向にくわしいイギリスのジャーナリストであるジェイミー・バートレットの『操られる民主主義　デジタル・テクノロジーはいかにして社会を破壊するか』（草思社、2018年）は、恐ろしい本です。スマホやパソコンを日常的に使い、本や新聞よりネットニュースやSNSで情報を集めるのがあたりまえになっているこの時代、「私の考え」だと自分で信じているものは、政治的リーダーや大手通販業者など、何らかの力を持っている人たちに操られてそう思い込んでいるだけ、という実例が次から次に出てくるのですから……。

この本は、いまこれを読んでくださっているあなたにもぜひ読んでいただきたい一冊です。私は冗談ではなく一定の年齢よりも上の人たちを集めて、解説を加えながら本書を読む読書会を開きたいとさえ思っています。自分で買ってパラパラと読むと、「ディープラーニング」「マイクロターゲティング」など耳慣れない単語が出てきて読むのがイヤになる人もいるかもしれませんが、そういう人にこそ「ＡＩ、ＩＴ時代のいま、何が起きているか」を知ってもらいたいのです。

この章の冒頭で、「キャバ嬢の口説き方」というテーマの動画をサイトが表示する「次のおすすめ動画」に従って、次から次へと見続けた男性の話をしました。私はその男性に心底あきれたのですが、ただその一方で、いまのＩＴの仕組みを考えると「それもしかたないかな」という気もするのです。先ほどの本にはこう書かれています。

「ユーチューブの『ネクストアップ』で表示される動画は、ユーザーをとりこにする最適な動画について、想像を絶するほど精妙な分析をベースに選定されている」

つまり、その人がこれまでクリックした動画のテーマ、内容、そして動画の時間までが自動的に分析されるプログラムが組まれていて、いかにも自分の好みにぴったりの動画が「次はこれをどうぞ」と表示されるわけです。すると当然、それをついクリックしてしまう。そして、それを見終わるやいなやまた次のおすすめが……と「自分が見たいと思っていたような動画」が次々に出てくるわけですから、視聴をやめられなくなるのも当然かもしれません。

## AIまかせが招くモラルの危機

著者のバートレットは、こういった事実をいろいろと挙げて、私たちはいまや「モラル的特異点（モラル・シンギュラリティ）」を迎えていると指摘します。

つまり、いかにAIが「そうそう、オレが見たかったのはこれなんだよ！」と思うような動画をすすめてきたからといって、「いや、いくら面白そうでもこういうのばかりを見るのはどうか」とネットの接続を切って、手もとにある本を開くことができるかが、私たちのモラルを保つ上でとても重要になっているということです。もし、それをやめて「こんなに面白そうな動画を紹介してくれるんだから、見るしかないだろう」と自分のチョイスをすべてAIに託してしまうようなことになれば、モラルはあっという間に崩壊します。著者はさらに、選挙の投票先など政治的な決定やチョイスまで「ＡＩがすすめてくれるものに従っておけば間違いはない」という世界になってしまうのではないか、と警鐘を鳴らします。

　おそらくいまは多くの人は「そんなバカな。せいぜい趣味の動画をＡＩのおすすめに従って見ているだけで、投票まで機械に頼るわけはない」と思うはずですが、本当にそうでしょうか。

　たとえば２０１６年の参院選では、いくつかの質問に答えると「あなたの考えは○○党に近い」と政党名を教えてくれる、というプログラムを新聞社のサイトが提供していました。もちろんそのとおりに投票した人がどれくらいいるのかはわかりませんが、じつは私も、「原発には……反対、ベーシックインカムには……どうだろう、よくわからないから保留、憲法改正には……やっぱり反対したいな」などと質問に答え、出てきた政党名を見て「へー、私はこの政党に考えが近いんだ。そうなると私の住む選挙区でこの党の候補は……」と投票の参考にしました。いま考えると、これも「ＡＩにおまかせ」の第一歩といえるかもしれません。

そして、もしある候補者なり政党なりが巨額のお金を投じてこういう仕組みを作り、どう回答しても最終的には「あなたのおすすめはこちら」とその候補者や政党の名前が出てくるようにしたら、どうなるでしょうか。そこで「えっ、私の考えと全然違う」と自分の意思をはっきり確認できる人はまだよいのですが、中には「なるほど。自分でも気づかなかったけれど、私は本当はこの政治家の考えに近いのか」と納得し、投票する人も出てくるはずです。

もっと言えば、そのうちネット投票が実現すれば、「いくつかの質問に答えたら、あなたの考えにいちばん近い候補者に投票しておきます」という仕組みができることもあるかもしれません。そうなるともう「AIにおまかせ」がかなり完成に近くなります。これではもう民主主義の社会ではなくなると、先の『操られる民主主義』の著者は言います。

## 「おすすめ」を無視する勇気

では、それを防ぐ手立てはあるのでしょうか。先の本にはとてもあたりまえのことですが、「モラル上の自律性」が何より大切と強調され、具体的には次のようなことが書かれています。何度も引用するのは気がひけるのですが、大切なところなのでひとつだけ紹介します。

「個人としての意見を持つ

かってない勢いで加速する文化のもとでは、時間や注意力が圧倒的に不足し、ネット上のサイトの比較だろうがグーグルマップだろうが、何を選び、どう決定するのかということまで、人々はつねに助けを求めている。自分で考えるという義務を、第三者に委ねることに警戒しなくてはならない」

「なるほど！　そうだったのか」とネット上の意見やおすすめに従順になりすぎずに、「本当かな」と疑ってみる。そして、ときには「あなたへのおすすめはこれ」という表示が出ても、「私は自分で選ぶからけっこうです」とそれに背を向ける。

ある意味でとても偏屈に見えるかもしれませんが、この時代を「意見を持った個人」としてしっかり生きていくためには、あるいは次の世代から見て「ネットを鵜呑みにする恥ずかしいおとな」にならないためには、これくらいのことが必要な気がします。

もちろん、ネットが提示する情報は膨大なので、とくに年齢が上の人はそれに驚き、「とても自分なんかはかなわない」とか「地元の小さな図書館にあるよりもずっと情報が多い」と〝もうお手上げ状態〟になるかもしれません。しかし、よく考えてみればわかるように、ネットが提示してくる情報はしょせんはコンピュータ上のプログラムが勝手に集め、選んだものなのです。

## 自動サーチより目視があてになる

かつて、ネット関連の会社を経営する人から、とても面白い話を聞いたことがありました。

その人の会社のネットを使ったサービスには多くの人たちが登録し、そこでモノを買ったり参加者どうしのおしゃべりを楽しんだりしています。しかし、ときどき違法な商品を売買したり「もう死にたい」といった危険な会話が進んだりしていることもあるそうです。その会社ではもし怪しい売買や会話がどこかで行なわれそうになったら、すぐに「大丈夫でしょうか」などと運営サイドが介入して声をかけるようにしていると言っていました。私はその経営者に尋ねました。

「でも膨大な売買や対話があるでしょうから、危険なモノを発見したりそこに介入したりするのはたいへんでしょう。やはりすべてＡＩがやっているのですか？」

するると、彼は笑いながら言いました。

「もちろん、いくつかのワードがあれば自動的に引っかかるようにはしています。たとえば〝売春〟〝自殺〟といったものですね。でも、いくらそういったワードを探すようにしても、自動サーチでは必ず漏れが出るのです。また、危険ワードを使っている人への話しかけも、ＡＩでやると相手にはまず無視されますね」

「では、どうやっているのですか？」と尋ねる私に、驚くような答えが返ってきました。

「やっぱり最終的には〝目視〟と人による話しかけですよ。じつは私の実家は岐阜県の小さな町なのですが、そこにウチの支社をつくり、地元の女性たち何十人もに働いてもらっているのです。その女性たちが若い人たちのやり取りをできるだけ目で見て、ちょっと怪しい動きがあったらすぐに『どうしましたか』などと割って入るようにしているのです」

## AI診療が広まらない理由

私は最先端のデジタルサービスで知られるその会社で、経営者が「最後に頼れるのは、目視と実際の人による話しかけ」とあまりにアナログなことを言うのを聞いて、そのあまりのギャップにめまいがしました。しかしすぐに、「よく考えるとそうかもしれない」とも思いました。

私がかかわっている精神医療でも、これまで何度も「AI診療」の試みが生まれては消えた過去がありました。いまの技術では当然、相談に来た人の「眠れないんです」などといった訴えに対し、AIが「そうですか。いつからですか?」などと質問を繰り出し、その答えから原因を分析し、最適な薬を処方することもできるはずです。

ただ、どんなによくできたプログラムを組み、文字ではなくやさしい女性の声で対話ができるようにしたとしても、治療の効果はどうしてもある一点から上がらないのです。それはやっぱり、実際の診察では「正確な理解」ではなく、ちょっとした偶然による血の通った対話などが相談者の心を開いたり、問題を解決したりすることが多いからではないでしょうか。

たとえば先日も、こんなことがありました。

私の診察室に通っていてもなかなかうつ病が治らなかった人がいたのですが、その人が「朝はコーヒーを3杯も飲まなければ目が覚めない」と言った「コーヒー」のイントネーションがちょっと標準語とズレているのに気づきました。「コーヒー」はふつう平板な発音だと思いますが、その人は「コー」を少し高く発音したのです。

「あっ、あなたのご両親のどちらかは、もしかすると北海道出身じゃないですか？」

私はすかさず聞きました。その人自身が「埼玉県生まれ」ということは知っていたのですが、「コーヒー」の「コー」を高く発音するのは北海道独特のイントネーションです。その質問じたいは本人のうつ病とは関係ないですし、ちょっとプライバシーに踏み込みすぎかなと考えたのですが、なぜか「ここはこれを聞いてみなきゃ」という気になったのです。

するとその人は、「よくわかりましたね。じつは両親はどちらも北海道出身で、親に結婚を反対されて、駆け落ち同然で埼玉に来て、私が生まれたようです。家では両親はいわゆる北海道弁で話してますが、私にもそれがうつっていますかね？」と教えてくれました。私は「やっぱり。私も北海道出身なので地元の微妙なイントネーションもわかるんです」と自分の出身の話もして、ひとしきり北海道の話題で盛り上がりました。

なかなか治らなかったその人のうつ病は、それ以来、少しずつ回復し始めました。もちろん、その「北海道のイントネーション」の話がどれほど効果があったのかはわかりませんが、いずれにしてもこういった〝脱線〟はAIとの対話ではまず起きません。

人と人とのアナログなつき合いだから私もわずかな違いを見つけ、「よし、それを話題にしてみよう」となぜか思ったのです。また、精神科医はふだん「私はどこ出身です」と自分のプライベートを明かすことはありませんが、そのときは「伝えてみてもいいかな」という気になりました。それが治療のきっかけになるだろうという直感があったのでしょう。これもAIにはできないことではないかと思います。

## 自分で決めることをあきらめない

長々と自分の経験談をしてしまいましたが、ここで言いたいのは、「ネットに頼りすぎない」「ネットを信じすぎない」ということ、そのためには「ネットを知らないうちに〝万能の神〟のようにあがめすぎない。大切なのは自分」ということです。

いま「メディア・リテラシー」、とくにAIやネット、スマホやパソコンから得られる情報とのつき合い方を書いた本がたくさん出ていますが、原則は「大切なのは自分の考え」ということに尽きると思います。

人間の脳には容量に限界があり、いくら膨大な情報に接触しても、そこから受け取れる情報や知識の量はかぎられています。また、断片的な情報や知識を頭に詰め込んでも、自分に役立てるにはそれを並び変えたり筋道をつけたりする必要があります。しかし、それが面倒くさいからといって「すべてネットやAIにおまかせ」となってしまうと、ここまでいくつか紹介してきたような悲劇――弁護士への大量懲戒請求や民主主義の放棄など――にもつながりかねません。だとしたら、「スマホで見かけた情報に飛びつく」のは避け、気になる情報は、スマホ頼りではなく、新聞や書籍でも関連情報を調べたり、公的機関に問い合わせたりするなどして、まず、その「情報源が確かなものであるかをきちんと確認する」。そこから情報の真偽を判断するというクセを身につけたほうがよいのではないでしょうか。

それからもっと大切なことは、「自分よりＡＩのほうが頭がいい」と思わないことです。「どうせ自分で考えてもしかたないんだから」とあきらめ、目の前のスマホやタブレットがすすめてくれる動画を見たりＳＮＳをフォローしたりと〝機械まかせ〟になってしまうと、やはり待っているのは「モラル・シンギュラリティ」という悲劇です。それを防ぐためには、「いくら膨大な情報があろうとも、自分の頭で考えて自分で決める」という原則は手放さないでほしいのです。

「メディア・リテラシー」といっても、大切なのは「やっぱりいちばん頼りになるのは、スマホじゃなくて私自身」という自分への信頼かもしれません。それがあれば、「自分で考えて自分で決める」というのもこれまでどおり、自然にできるはずですし、おかしな情報に煽動されて「たいへんだ！　いままでオレは新聞にだまされていたんだ！」などと言いだすことはないはずです。

# 第4章
# セクハラオジサン

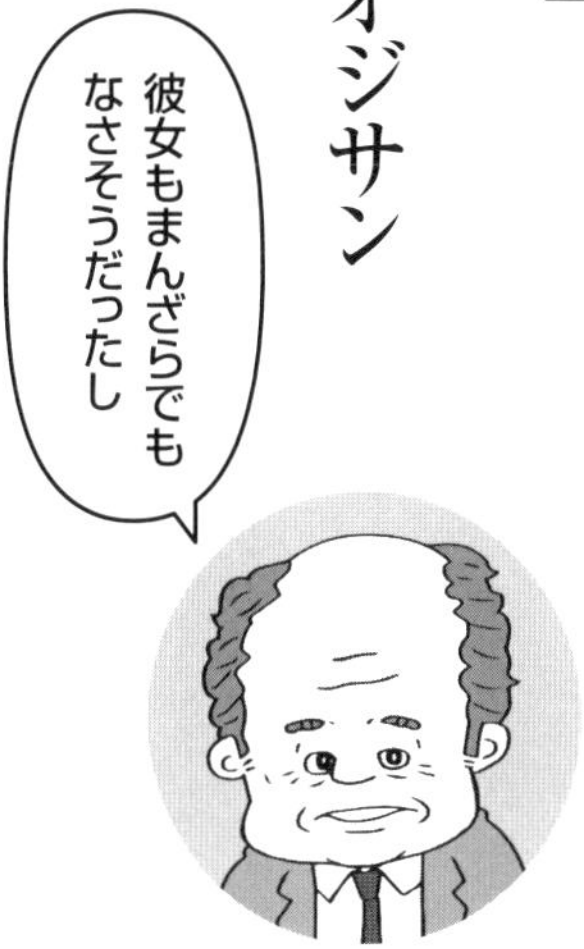

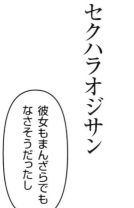

います。

## 世界中で相次いだセクハラ告発

２０１８年以降、日本でもアメリカでも世間を騒がせるようなセクハラ告発が続いています。

アメリカでは、その前年にトランプ大統領が誕生してから、というより、さらにその前の選挙戦のさなかから、トランプ氏のセクハラに関する報道が相次ぎました。ミスＵＳＡ大会の更衣室に入ってきたとか、テレビの収録スタジオで驚くべきひわいな発言をしたとか、ポルノ女優と不倫関係に陥り〝口止め料〟として13万ドル（約１４４０万円）を支払ったとか……。トランプ氏にまつわるセクハラ疑惑はあまりに多すぎて、多少のことではもう誰も驚かないという状態にもなっています。

では、セクハラ全体に社会がマヒしてきたのかと言うと、それは逆です。

アメリカでは、２０１７年10月３日にハリウッドの大物プロデューサー、ハーヴェイ・ワインスタイン氏の長年に及ぶセクハラが女優らにより告発され、その５日後にワインスタイン氏は自ら立ち上げた制作会社から解雇され、社会的地位を失う事態となりました。それを受けて、多くの女性たちが沈黙を破って、芸能界やメディア、ビジネス、政界の有力者から過去にセクハラ被害を受けたと名乗り出ています。

ＳＮＳのひとつ、ツイッターでは、ひとつの話題を大勢で共有するハッシュタグ機能を利用し、「#metoo」というフレーズとともに自らのセクハラ被害を告白、告発する動きが世界中に広がりました。もちろん、これには男性が女性から、あるいは男女ともに同性から受けたセクハラ被害も含まれるのですが、圧倒的に多いのは「男性から女性へのセクハラ」です。

その流れの中で、日本でも「セクハラを許さない」というムードがこれまで以上に高まっています。

２０１８年4月12日発売の『週刊新潮』は、当時、財務省の事務次官だった福田淳一氏が複数の女性記者にセクハラ発言をしていたと報じました。福田氏は〝取材〟という理由で飲食店で会った女性記者に対して、「胸、触っていい？」「手、縛っていい？」などとセクハラ発言を繰り返していたのです。その後、『週刊新潮』に申し出た女性記者はテレビ朝日所属だったことがわかりました。

結局、福田氏は辞任、財務省は「減給20%、6カ月の処分相当」にすると発表しましたが、「5319万円から処分相当額141万円が差し引かれて5178万円」もの退職金を受け取るという結果に、「納得できない」という声も上がったのです。

ところが、芸人の松本人志氏は出演した民放の情報バラエティ番組『ワイドナショー』でこの件にふれ、「福田氏はエロの塊みたいなおっちゃん」とした上でこう語りました。

「テレ朝さんは、『いやいや違う』と、『それはもうセクハラがすべてなんだ』って言うんですけど、でもそこに行かせたんだったら、これはパワハラじゃないのか、ってことになってくると僕は思うんですね。でもテレ朝さんがいやパワハラじゃないって言うのであれば、だったら、この女性は自分で自ら前のめりにこの一年間、この取材をしてきたんかってことになってくる。そうなってきたらそうなってきたで、今度これはハニトラ（ハニートラップ）じゃないのか、ってことになってくるんですよ。

どれも全部1本じゃ僕はないと思うんですね。ですので、私の見解としましては、セクハラ6、パワハラ3、ハニトラ1でどうですか。このあたりで皆さん手ぇ打たないですか？」

ただの「セクハラ」ではなくて、女性記者側からの取材のための誘惑、いわゆる「ハニートラップ」も関与しているという売れっ子芸人の見解にショックを受けた人もいると思いますが、ネットでは「よく言った」「オレもそう思う」といった賛同の声も相次ぎました。

でも、これはやっぱりいまの基準では「10割セクハラ」と言えるケースだと思います。

## 好意や励ましのつもりでも女性には迷惑

２０１９年4月には、外務省の女性職員が元駐イラン大使から大使在任中にセクハラ行為を受けたとして、強制わいせつ容疑で刑事告訴したことが、その女性の代理人弁護士により明らかにされました。

その弁護士によると、元大使は２０１２年の離任前夜、テヘランの大使公邸での最後の夕食にこの職員をひとりだけ招きました。そして食事後、「コーヒーでもどうか」と自分の執務室に彼女を誘い、そこでキスをしたりからだを触ったりしたというのです。

この元大使自身は報道機関のインタビューで、過剰にからだを触ったことは否定し、強制わいせつにはあたらないと主張しているものの、別れのハグをしたり頬にキスしたりしたこと、さらには口にキスしようとしたことや、帰国後もメールで旅行に誘おうとしたことは認めています。また、自分の側には、この女性に対して若干の好意があったとも語っています。

一方、女性の側は、40歳近く年の離れた大使からの食事の誘いに、ただ「光栄だ」と思ったと取材にこたえて述べています。当時、彼女は大使館職員となってまだ数カ月でした。新米の彼女にとって、「大使」といえば外交官の大先輩であり、はるか雲の上のような存在だったと想像できます。

そんな彼女の敬意に対し、元大使は「食事がOKということは……」と身勝手なカン違いをしてキスを求めてしまったのかもしれません。そして、刑事告訴につながる大きな問題に発展してしまったのです。

セクハラ事件では、「かわいいな、と思ってキスしただけ」「いつもがんばっているから、励ますつもりで抱きしめた」などと言いわけをする男性がよくいます。でも、よく考えてみてください。同じ職場で働く女性は、年が若かったとしても〝女の子〟ではなく、ひとりの自立した女性、人間なのです。がんばっていることの評価は、言葉やもっといえば勤務評定、報酬などで示してもらいたいもの。幼いわが子の頭を「いい子だね」となでたり、ペットのネコの頭に「かわいいね」とキスしたりするのとは、まったくわけが違います（ネコだって本当は迷惑かもしれませんが）。

以前、『家なき子』というドラマで恵まれない境遇で育った少女が、うわべの同情を寄せるおとなに言う「同情するならカネをくれ」というセリフが流行語になったこともありましたが、働く女性たちは「ほめてくれるならカネをくれ」というのは言いすぎにしても、「ほめてくれるならセクハラせずに評価しろ」と思っているはずです。

## 女性はやむをえず話を合わせているだけ

「昔はよかった」と思っている人もいるかもしれません。

たしかに、私が社会人になった１９８０年代やそれに続く90年代を振り返ってみても、女性が「仕事の打ち合わせをしよう」と男性に呼び出されて出かけると、仕事の話題も出ないまま「休みの日は何してるの？」「彼氏はいないの？」などとプライベートについて根掘り葉掘り聞かれ、さらには手を握られたとかそれ以上を要求されたという話はいくらでもありました。女性どうしの飲み会では必ずといってよいほどそういう話になり、中には「トイレに行って出てきたらその男性が待っていて抱きつかれた」など、いまから思うと犯罪に近いようなエピソードが語られることもめずらしくありませんでした。

男性たちは当時、どう思っていたのでしょう。もしかすると、それほど悪いことをしたと思っていないどころか、「女性を見たら、容姿やスタイルをほめて、酒やそれ以上の場に誘うのが〝マナー〟」と思い込んでいた人もいるのではないでしょうか。「女って誘われるのを待ってるんでしょ？　女ってそんなものなんでしょ？」といった発言を、お酒が入った男性から聞いたこともあります。

いや、過去に限ったことではなく、じつはいまだにそう思い込んでいるというか、「そうであってほしい」と思っている男性たちも少なくないのが事実のようです。

しかし、「女性は誘うと喜ぶもの」「女性を見たら顔がカワイイとか体がセクシーだとほめるのは「マナー」というのは、まったくの間違いです。たとえ女性が喜んでいるように見えても、それは「会社で認めてもらうため」「お金のため」などの何らかの目的のためか、さもなくば「逆らったら怖いから」という恐怖心のためです。

「いや、オレが部下の女性をバーに誘ったときは、『私にだけ声をかけていただけるなんて夢みたいです』と、心の底からうれしそうだった」と言う人もいるかもしれませんが、多くの女性はそういう場合、かなり完璧に近い演技ができるのです。それは女性がずるいからではなくて、まだまだ男性中心のこの社会の中で生き残るために身につけた、ひとつの〝生きる知恵〟なのです。

## おしゃれは男の目を引くためではない

日本では長いあいだ、女性がやむなく身につけた〝生きる知恵〟を、男性たちが真に受けて「女とはこういうもの」と信じ込んだ状態で、社会生活が成り立ってきました。また、女性が身だしなみとして、また自分自身をより良いものとするために、お化粧をしたりファッショナブルに装ったりすることも、長らく「男の目をひくためにそうしている」と誤解されてきました。

たとえば、2014年に実施されたこのアンケートの結果を見てください。テーマは、「女性のオシャレの本音！　男性と女性、どちらの視線を意識する？」です（「美人になれるビューティコラム」http://www.evergrace.jp/column/20150320/）。

100サンプルというかぎられた数ではありますが、回答者の77％が、おしゃれをするときには「同性である女性からの視線を意識することが多い」と答えています。

このコラムには回答者の具体的な声も挙げられているのですが、「男性よりも女性にオシャレだと言われた方がうれしい。女性の方がよく他人を見ていると思います」「女性の方がファッションやメイクの細かいところまで見ているので、意識するのは女性です」「男性は化粧や服装などに鈍感で、女性の方がシビアだと思うから」などという声を見ると、「女性のほうがシビアで敏感だからという理由で女性の視線を意識している」ことと同時に、「男性の視線はほとんど気にしていない」こともわかるのではないでしょうか。

4コママンガ『サザエさん』には男性の鈍感さを示すような作品があります。昭和40

年代のことです。

美容院に行って髪をきれいにセットしたサザエさんに、夫のマスオさんは気づかない。ところが、サザエさんが芸能人のウワサなどをあれこれ話し出すと、マスオさんは「オ、美容院にいったネ」と言う。「美容院で女性週刊誌を読んできたと気づいた」というオチです。

これは男性が妻に代表される身近な女性の変化にあまりに鈍感だということをユーモラスに皮肉った作品ですが、反対に美容院に行って髪型を変えた女性に、職場の上司が「色っぽいヘアスタイルだね。今度、お酒でもどう?」と声をかけたらどうでしょう。それはそれで、「そんなことを言ってもらうために髪を手入れしたわけではない」と程度の差はあれ不愉快に思うのではないでしょうか。「男を誘惑したくて色っぽいファッションやヘアスタイルをしている」と誤解されるくらいなら、マスオさんのようにまったく気づかない男性のほうがまだマシかもしれません。

いずれにしても「自分のために」あるいは「オシャレに敏感な同性の目を意識して」、ファッションやメイクに気を遣っている女性に対する態度ひとつを取っても、これまで

『サザエさん39巻』（長谷川町子作、朝日文庫、1995年）より ©長谷川町子美術館

男性たちは大いなるカン違いをしてきたことがわかるでしょう。

## 欧米より遅れている日本男性の意識

「でも、これまでたとえ『色っぽいね』とか『今度、お酒どう？』と言っても、女性たちはイヤな顔をするどころか、はにかんだように笑っていた」と主張する男性もいるかもしれません。

しかし、繰り返しになりますが、その女性たちは本当にうれしかったのではなくて、多くは「我慢していた」のです。あるいは、「『やめてください』と言いたかったのに言えなかった」のです。

では、いつから女性たちは我慢をやめて、「そういう言い方はイヤです」あるいは「それはセクハラです」とはっきり言えるようになったのでしょうか。

それは、あまり昔の話ではありません。しかも、まずはっきり言い始めたのは、日本ではなくアメリカの女性たちであったので、「セクハラ」という考え方が日本に伝わるまでにはタイムラグがありました。そして、いまでも欧米と日本のあいだには、意識の差があります。

最近、2年間の留学から帰ってきた若手研究者の女性から聞いた話です。彼女は勉強したいことがあり、大学院を休学してイギリスのある研究機関に籍を置きました。同じ研究機関には何人か日本からの留学生がおり、物価の高いイギリスでの生活のためにみんな研究の合間を縫ってアルバイトをしていたそうです。

「大きな声では言えないのですが、女子学生に人気のバイトはキャバ嬢だったんですよ」という話に驚いて、「えっ、イギリスにもキャバクラがあるの?」と聞くと、日本人が経営する店がいくつかあるのだとか。

「そこに勤めるキャバ嬢はほとんど日本女性。留学生が多かったですね。日本のキャバクラのことはあまり知らないけど、たぶん同じだと思います。カジュアルな服装やちょっとしたドレスを着た女性が、やって来る男性客の隣に座って、水割りを作ったりしながら話し相手をする。話といっても『へー、そうなんですか』とか『すごーい』とかそんな相づち程度です。『エッチな体型だね』などと言われたり、手や膝を触られたりすることもあったけど、それくらいは我慢して、あまりしつこい場合は『それはダ・メ!』

みたいな感じでやんわり断りました」

　私は「イギリスにもそんなスタイルで女性と対話することを望む男性がいるのか」と意外に思い、「店内ではやっぱり英語？」と聞くと、その女性はケラケラ笑ってこう言いました。

「もちろん日本語ですよ。だってお客さんは全員、日本人なんですから」

　つまり、日本からビジネスの出張などでイギリスに来た男性たちが来店し、〝日本式〟のサービスを求める店、それがイギリスのキャバクラだというのです。

「日本の男性はビジネスで疲れたりすると、女性にほめてもらったりセクハラチックな会話をしたりして癒やされたい、と思うんでしょうね……。かわいそうだなと思うけど、ちょっと気持ち悪い。でもものすごく時給がいいバイトなんで、笑顔で『海外でビジネスなんてすごーい』と手を叩いてました」

　このように、欧米人とは異なり見方によってはセクハラ的な女性とのかかわりをお金を払ってでも求めたい、と願う男性たちがいまだに日本人には多いのです。

## 約212億円もの賠償金を請求された例も

日本の男性たち（女性たちも）が、「女性への誘いの声がけやボディタッチはセクハラなのだ。そして、セクハラはいけないことなのだ」ということを、初めて意識したのはいつでしょうか。人によってそれぞれだとは思うのですが、私は2006年に報道された次の事件が大きなきっかけだったのではないかと考えています。

事件が起きたのはアメリカですが、登場人物は日本人です。北米トヨタ自動車で社長秘書を務めていた当時42歳の日本人女性が、同社の日本人社長からセクハラ行為を受けていたとしてアメリカで訴訟を起こしたのです。セクハラの内容は、出張先のホテルの部屋や公園などでからだを触られたといったことでした。

女性が訴訟で求めた賠償金は、総額1億9000万ドル（約212億円）という巨額なものでした。「えっ、セクハラで212億円⁉」と驚いた人も多いと思うのですが、2000年代からアメリカでは女性によるセクハラ告発で数十億円単位の賠償が認められるケースが少なくありません。北米トヨタの事件よりあとになりますが、2011年にも20代の女性従業員が勤務先だった家具販売店に上司のセクハラの損害賠償を求め、評決で9500万ドル（約76億円）もの賠償額が決定しています。

北米トヨタの訴訟では、社長は「（裁判で）潔白が証明されると信じている」と疑惑を否定したものの辞任に追い込まれ、社会的地位を失いました。その後、トヨタ側と女性とが和解に至り、その内容は公表されていませんが、和解金は巨額であったと推測されています。

一方、日本国内におけるセクハラ裁判の賠償額は、まだそれほど高額ではありません。一般的には100万～300万円と言われ、アメリカと比べると低額ですが、それでも2015年、アデランスに勤めていた女性が起こしたセクハラ訴訟では、アデランスが1300万円を支払うことで和解が成立したと報じられました。しかし、和解金の多い少ないに関係なく、セクハラがいったん明るみに出ると、それを行なった人は先ほどの北米トヨタの社長のように社会的に致命傷を負うことになります。

じつは、傷は社会的なものにとどまりません。かつてある国立大学でセクハラ対策委員を務めていた教授がいたのですが、あるとき、その教授自身が教え子からセクハラで告発されるという問題が起きたことがありました。教授は著作も多く一般にも知られた人だったので、問題はネットなどを通じてすぐに外にも知られ、「これまでセクハラ対策委員としてセクハラ加害者に厳しい措置を講じてきた人のセクハラはさらに罪が重い」といった糾弾の声があちこちで上がりました。それに耐えられなかったのか、教授は間もなく自ら命を絶ってしまったのです。あとには「私はセクハラをしていない」と書かれた遺書が残されていたということです。だとしたら、ヒアリングなどで堂々と無実を主張すべきだったのですが、教授はそれよりも死を選んでしまいました。

ともあれ、いったんセクハラだと誤解を招くような問題が起きただけで、それがセクハラと最終的に認定されるか否かは別にして、組織の内外で大きな注目を集め、誤解も含めて話題がひとり歩きし、この教授のように「もう生きていけない」という事態にまで追い込まれる可能性がある——これは、賠償金以上に深刻な問題です。

## 性別を意識した発言はほめ言葉でもダメ

では、どういう事態が「セクハラ」と認定されるのでしょう。

少し堅苦しくなりますが、厚生労働省の「職場におけるセクハラ」の定義を見てみましょう（http://kokoro.mhlw.go.jp/sexual-harassment/）。

「（セクハラは）セクシュアルハラスメントの略で、『職場において、労働者の意に反する性的な言動が行われ、それを拒否するなどの対応により解雇、降格、減給などの不利益を受けること』又は『性的な言動が行われることで職場の環境が不快なものとなったため、労働者の能力の発揮に悪影響が生じること』をいいます。男女雇用機会均等法により事業者にその対策が義務付けられています」

これをもっと簡単に言うと、「相手の意に反する性的な言動」となります。より具体的には、「性的なニュアンスでからだに触るなどの身体的な接触によるいやがらせ」と「言葉による性的いやがらせ」、また「セクハラを拒否したことで被害者に解雇や減給などの不利益が生じたり、職場環境が悪化したりすること」も含まれます。

さらに、「言葉によるセクハラ」には、「みだらな誘い」「誘いを断ると仕事に支障が出ることのほのめかし」「容姿などについての本人が望まない発言」が含まれます。

「性的な言動」と言っても、単に「セックス」につながる言動という意味ではありません。「性的」というのは、「性別を意識したこと、同性には言わないようなこと」というニュアンスを含むという意味です。

また「相手の意に反する」とか「本人が望まない」というのは恣意的すぎてわからないという声もよく聞きます。たしかに、どういう発言が相手が待ち望んでいるもので、どういう発言ならダメなのか、その基準は相手の中にあるわけですから、わかりにくいと言えばそうでしょう。しかし、とくに職場や趣味、ボランティアなど「男女の出会い」を目的としていない場（ほとんどがそうでしょう）の場合、とにかく「性別を意識したこと、同性には言わないようなこと」は避けたほうがいいでしょう。

つまり、たとえほめ言葉でも「性別を意識しての発言」はそれだけでセクハラになることがあるのです。

２０１７年、アメリカ大統領に就任したトランプ氏がフランスを訪れ、マクロン大統領の24歳年上の夫人、ブリジットさんに会ったとき、まず「You are in such good shape.（スタイル、いいね！）」と発言して、これが国際的に問題になったことがありました。日本人の感覚としては、「スタイルの良さをほめたんだからいいじゃない」ということになるかもしれませんが、欧米ではたとえほめ言葉でも、あまり親しくない女性に外見の話題を持ち出して話しかけることじたい、セクハラになることもあるのです。

先にも述べたとおり「同性には言わないようなこと」は口にすべきではありません。たとえば、トランプ大統領は安倍総理に会ったとき、「ヒップラインがなまめかしいね」とはまず言わないはずです。

## 5年前なら許されたこともいまはダメ

そして、セクハラの基準はどんどん厳しくなってきています。10年前どころか5年前には「これくらいは許される」というものであったとしても、２０１９年には「それはセクハラ」となっている場合があるのです。

たとえば、次の例なども数年前なら問題なしとなったケースかもしれません。これは、ある事業所で産業医をしていた知人から聞いたケースを、個人が同定できないように改変したものです。

マジマさん（仮名）は57歳の団体職員。組織のまとめ役として手腕を発揮していました。その人脈は官僚や政治家にまで広がり、これまで数々の交渉もこなし、自他ともに認める〝コミュニケーションの名人〟。

「私は相手が若手であってもとことん話す。パワハラ、セクハラはコミュニケーション不足から起きるんだ」

これがマジマさんの持論です。

ところがある日、その組織のセクハラ相談窓口に女性職員が行き、「マジマさんから被害を受けた」と訴え出たのです。ヒアリングを受けることになったマジマさんは、「まったく心あたりがない」と途方に暮れていました。その女性の言い分を聞いてみましょう。

「私は地方出身で、去年、この会社に中途入社したのです。最初はなかなか会社になじめず、苦労もしていたのはたしかです。そんなときに飲み会があって、マジマさんが『何か困ってることはないか』と話しかけてきたので、『まだ慣れなくて』と正直に答えました。そうしたらマジマさんは、『そうか。じゃゆっくり今度、話そうか』と言い、そこでＬＩＮＥのＩＤ交換をしました。

その後、マジマさんから頻繁にＬＩＮＥが来るようになりました。最初は『親切な人だな』と思い、こちらからもある程度、きちんと返事をしていたのですが、そのうちちょっと怖くなりました。『きょうは会社で元気なかったな』『先週の会議の発言はよかったよ！』など私の動きを全部見張っているようで……。

その上、『週末に食事しながら相談しよう』みたいな誘いも加わるようになったのです。上司なので断りにくく、『とてもありがたいのですが、帰省の予定があって』などと先延ばしにしてきました。これ、もうストーカーなんじゃないでしょうか？」

組織の人事担当者からヒアリングを受けたマジマさんは、「冗談じゃないよ！」と腹立ちを隠せないようでした。

「飲み会でもポツンとほかの人から離れて座るし、仕事中もうつむいてるし、これじゃすぐに退職しちゃうんじゃないか、と心配になって親切心で面倒見てただけじゃないか。それに、もしイヤだったならはっきりそう言うべきだよ。オレが若い時代なら、仕事中、しょんぼりしてたりなんかしたら、上司がアポも取らずに一升瓶抱えてアパートに訪ねてきたもんだよ？　ＬＩＮＥくらいでストーカーだとかセクハラだとか、やめてほしいよ、まったく……」

## コミュニケーションできているかは無関係

マジマさんはいくつも間違いを犯してます。

まず、「親切心で面倒見てた」というのはあくまで自分の言い分であり、仕事時間以外にLINEを送られる側もそう思えるか、まったく考えていないこと。

また、「イヤだったらはっきり言うべき」というのは、マジマさんは上司であること、そして男性であることを考えると、若い女性の部下にとってはほとんど不可能な要求であること。たとえば、男性も重要なクライアントからペットの写真を見せられたら、動物が苦手でも「かわいいですね」と言わざるをえないかもしれません。休日のたびに好きでもないゴルフに付き合わされた人もいるでしょう。それと同様のプレッシャーと考えれば、わかりやすいのではないでしょうか。

それから、「オレが若い時代なら」というのは、いまの時代にはいっさい通用しないこと。

そういったことを考えると、マジマさんからのＬＩＮＥに女性部下が負担と恐怖を感じ、セクハラだと訴え出るのもしかたないと言えるでしょう。１２３ページで、セクハラは「相手の意に反する性的な言動」という定義を紹介しましたが、いまは性的な内容が直接含まれている言動にかぎらず、とにかくそこに「男性と女性」という関係が何らかの形で介在しているやり取りであれば、セクハラと取られる可能性があるのです。「女性の部下は、男性の上司には言い返しづらいもの」という〝構造〟の中で起きる問題、それがすなわちセクハラなのだ、と考えるとわかりやすいかもしれません。この〝構造〟を忘れるべきではありません。いくら男性上司が「オレはフランクな人間だから」「若手とはコミュニケーションできているから」と思っていても、「男であり上司であり、相手は女性であり部下である」という〝構造〟は変わりません。だとしたら、そこにはセクハラが発生する余地があるのです。

第1章で取り上げたパワハラでも、問題はその人の性格ではなく、「上司と部下」「クライアントと受注者」といった力に差のある関係から生じる、構造的な問題なのだという話をしました。いくら〝なんでも言える関係〟だと思っていても、そこに上下関係や、男女などで体力の差がある関係が前提としてあれば、「断れない」「逆らえない」という事態がどうしても発生するのです。

## 「世界一の男」という母親の刷り込み

この構造の中で困った事態に巻き込まれるのは、「若い女性」ばかりとはかぎりません。

診察室には、職場や趣味の集まりでのセクハラから心のバランスを崩してしまった50代、60代の女性が相談に来ることもあります。

たとえば、趣味のサークルで顔見知りの男性から、「そのうち食事でも」とメールが来る。女性が相手に失礼がないように「そうですね、そのうち機会がありましたら」などと答えると、テンポよく「じゃ、今週、空いている日を教えてもらえますか」と返信が来てしまう。そこで「ふたりだけで食事をするつもりはありません」と答えてよいのか、それともあいまいな言い方をしておいたほうがよいのか、と迷っているうちに、頭痛や吐き気がしてきて……といって受診した60代の上品な女性がいました。

こうした診察室での経験から思うことなのですが、一般的に男性というのは母親から「世界一の男」として愛された過去を持つので、どこか自分に対して根拠のない自信があるのではないでしょうか。

精神分析家の小此木啓吾氏は、日本型母性社会の精神構造である「阿闍世《あじゃせ》コンプレックス（命名したのはフロイトの直接の弟子である古澤《こざわ》平作氏）」をくわしく解説していますが、そこでもアジア、とくに日本の母親と息子は、その生涯を懸けて特有の愛と一体感の関係を守り、築き上げるとしています。

私の友人で40代になってから50代の男性と結婚した女性がいます。とてもステキな女性で、私たちは「あなたみたいな人と結婚できるなんて、ダンナさんも50代まで独身でいた甲斐があったわね。幸せな男性よねえ」などと言ってました。ところが、ある日、夫の80歳になる母親からこう言われたのだそうです。

「あなたは幸運な女性ね。その年までご縁がなかったのに、ウチの息子みたいなダンナさまができるなんて。息子と結婚したい、という娘さんはけっこういたのよ。教授のお嬢さんとか政治家の姪っ子さんなんかも、テニスの会で息子を気に入ったらしくて。たしか30歳くらいだったかしら。それなのにねえ……」

いかにも「もっと若くて条件のいい嫁もいたのに」と言いたげな姑の言葉に、友人は怒りを通り越してひっくり返りそうになったそうです。

「夫はたしかにやさしい人ではあるけれど、髪の毛は薄くおなかも出ていて、とても『若い女性にモテる』というタイプではないのよ。仕事の面でも大手企業には所属しているけど、活躍しているとは言いがたいし、私との共通点は趣味のゲーム。どうしてこんな息子が『30歳の教授令嬢と結婚できる』なんて思うんだろう？と笑うしかなかったわ」

私が「でも、母親にとってはキラキラした息子なのかもしれないね。男の子って母親から見ると誰でも王子さまなんでしょうね」と言うと、「そう考えてみると男子って幸せな生きものね」と友人はため息をつきました。

もちろん、多くの男性はおとなになるうちにたくさんの同性や異性と出会い、「オレは世界一ではない」と気づくはずですが、それでも心のどこかには「あなたは世界一の男」という母親からのささやきがいつも響いているのかもしれません。そのせいで女性に対してもつい、「オレが誘ったら喜んで応じるのが当然」という傲慢な気持ちで接してしまう男性も出てくるのではないでしょうか。それが女性にとっては「セクハラ」ということになるのです。

## 女性部下を過度にフォローする必要もない

ここでまた、オジサンたちのなげきが聞こえてきそうです。

「元気のない部下を励ますためにLINEしたり食事に誘ったりするのは、こっちのほうがたいへんなんだよ。もし食事に行ったらおごるのはこっちなわけだし。それをセクハラだなんて言われたら、もうどうやって後輩を元気づけていいかもわからないよ……」

これも、大きなカン違いです。なぜなら「LINEしたり食事に誘ったり〝してやってる〟」という気遣い自体が、まったく不要なものだからです。

いまの若い女性は、社会人としてしっかり働こうという自覚を持って会社に入ります。

私はいま大学教員をしていますが、授業でも折にふれて「男子、女子に関係なく、社会に出たらひとりのおとなとして、自分の仕事や言動には責任を持つように」と伝えてます。また、大学のキャリアセンターも同様の方針で指導をしています。「女だから会社に入っても甘えれば上司が助けてくれる」などと思っている女性がもしいるとしたら、その人の感覚がズレているのです。

ということは、男性上司も女性の部下に必要以上の気遣いをしなくてよいのです。「もう慣れた？」と新人に声をかけるのはよいのですが、「まだ慣れなくて」という答えが返ってきたら、「そう。しっかりやってね」と励ませばそれでよいのです。あるいは「どういうところでつまずいているの？」と具体的に業務のやり方などを聞いて、指導できるところは指導する。もちろん、それは会社の業務時間内にです。ＬＩＮＥで様子を聞く必要はありません。

ただ、中にはまだ、職場で注意をすると泣いてしまったりトイレにこもったりする女性社員もいると聞いています。そういう女性に対しても、「よし、特別に目をかけて何とかしてやらなくては」と責任を感じすぎずに、冷静に「どこがうまくいかないんだろう。やり方を工夫してみよう」と、あくまで具体的に対処法を考えるべきです。仮にその女性社員が「泣いたらまわりが折れてやさしくなる」と思っているとしたら、それは彼女のほうが間違っているわけですから、上司がそれに乗ってしまうのはよくありません。

## 合意の上の不倫でもリスクは大きい

「落ち込んでいる女性の部下は上司として励まさなければならない」という義務感や使命感を消去しても、まだ「やっぱりあの部下にＬＩＮＥしたい」という気持ちが男性上司に残っているとしたら、それはやはり異性としての関心があるということになります。男性上司に妻がいないのなら、恋愛をするのは自由ですが、その場合も「仕事の指導」といった大義名分をつけて誘わない、というのが原則です。「これは職務上の指示？それとも異性として単に誘ってるの？」と相手を混乱させるのは避けなければなりません。

ましてや、男性上司にもし妻がいるなら、それは仮に合意の上でも「不倫」となります。

とくに、若い未婚の女性にとって「不倫」はたいへんにリスクを伴うことです。

内閣府が20代と30代の男女を対象に行なった平成26年度「結婚・家族形成に関する意識調査」によると、20代と30代の未婚女性の81・9％が、「すぐにでも」「2、3年以内」「いずれは」など時期にバラつきはあるものの、「結婚したい」と答えています。

もし妻がいる男性がアプローチし、部下である彼女が応じてくれて、めでたく恋愛関係になったとしたらどうなるでしょうか。彼女は「奥さんと別れて私といっしょになって」と迫るかもしれません。そこまではっきりと口にしないとしても、心の中では望んでいる可能性が決して低くはないでしょう。

ところが、男性のほうにはまったくその気がないまま、半年、1年とデートを続けていったとしたら、その後待っているのは〝地獄〟です。彼女から「私がムダにした時間を返して！　それが無理なら奥さんと別れて！」と泣きつかれるかもしれません。

未婚女性にとって、将来のパートナーを探す上でたいへん貴重な時期を不倫に費やすことは、一生悔やんでも悔やみきれない禍根を残すことになるのです。

一方、多くのオジサンたちは、「不倫でもし問題が起きるとしたら、それは妻にバレるとき」だと思っています。それもたしかに大きな問題です。不倫はいまの日本の民法では「不法行為」にあたり、不倫したからといって逮捕されることはありませんが、妻から離婚を切り出され、子どもがいる場合は親権を要求され、財産分与のほかに慰謝料や生活費を請求されることも少なくありません。また、妻が男性の不倫相手に慰謝料を請求する裁判を起こし、かつての恋人が数十万円から300万円程度の慰謝料を支払うよう、決定が下されるかもしれません。

## 不倫相手からセクハラで告発される悪夢

では、「大丈夫、妻にはバレないうちに〝不倫の恋〟は終わったから」という人はセーフなのか。これもじつは間違いです。不倫関係には、たとえ関係が終わってから何年経過しようとも相手の女性から「セクハラ」として申し立てが行なわれる可能性が必ず秘められているのです。

このことは、ジェンダー論の第一人者である大阪大学の牟田和恵教授のヒット作『部長、その恋愛はセクハラです！』（集英社新書、2013年）にくわしく書かれています。妻にバレない不倫も、セクハラとして相手女性に告発される場合がある。これは男性にとっては盲点なのではないでしょうか。

男性はそれをどういう形で気づくのか、牟田氏の本から抜粋しながら引用させてもらいましょう。

「人事部や総務課からの呼び出し。（中略）何ごとだろうと行ってみると、あなたがセクハラをしたという訴えが出されていると告げられる。

まさか、いったい誰が？、と『寝耳に水』の場合もあるでしょうし、『もしかすると彼女が？』と、心当たりのあるケースもあるでしょう。どちらにしろ、『なんでセクハラなんだ⁉』と驚きです」

それはまさに「悪夢の始まり」と牟田氏は書いていますが、そこから何度にも及ぶヒアリングが始まります。職場の直属の上司、人事担当部長、場合によっては役員や経営者まで出てくるかもしれません。当然、相手の女性もヒアリングに応じ、あなたが書いて送ったラブメールなども把握されており、プリントされたものを「これはご自分で書いたものですよね」と確認させられるなどといった事態も考えられます。

そして、もしあなたがそれなりに名前の知られた企業や役所などに勤めている場合には、その情報がネットメディアや雑誌に知られたら、恰好のネタになることもあるでしょう。「オレのような無名人の不倫が雑誌に出るわけないだろう」と思うかもしれませんが、いまは女性へのセクハラ問題が世界的に注目されており、ほかの事例とともに報じられることがあっても不思議ではありません。

その上でさらに待っているのは、「処分」です。厳重注意、部署異動などですむならまだいいほうですが、数カ月の停職、さらには懲戒解雇というもっとも厳しい措置が待っていることもあります。

それだけではありません。相手の女性が損害賠償を求めて民事裁判を起こした場合は、それに対応し、長い裁判を経て一定の賠償金の支払いが決定されるかもしれないのです。そうなると、妻も離婚を求めてきたり、妻が逆に相手の女性を訴えたりする可能性もあり、文字どおり泥沼の争いが繰り広げられる……。牟田氏はこういった状況を「悪夢」と書いています。ただ悪夢ならまだ目覚めることができますが、これは〝覚めない悪夢〟なのです。

## オジサンの〝モテ〟は地位と権力が9割

「いやいや、それはただの不倫じゃなくて、暴力で相手を支配したとか女からカネを取ったとか、そういうひどいセクハラ関係だったんだろう?」

そう思う人もいるかもしれません。しかし、それも間違いなのです。牟田氏の本には「真剣な大人どうしの恋愛だった」「向こうが自分に接近してきたんだ」「じつは結婚も考えていたのに」といった悲痛な男性の声が紹介されています。

ここで牟田氏は、「合意の恋愛で始まったことは、それだけではセクハラの免責にはなりません」とズバリ指摘します。

牟田氏は、そもそも不倫は、本人がいくら「合意」「相手から迫ってきた」と主張しようと、じつはそうではない場合が多いと書いています。

「そもそも、若い女性社員や学生が、上司や指導教員に惹かれるのは、男性が立場上当たり前のこととして持っている職業能力や経験のせい。若くて世間知らずの女性には、男性が、実力以上に特別にできる人、素晴らしい能力の持ち主に見えるのです」

つまり、合意する要因に「力関係」がある以上、破綻したときには女性が「あれは恋愛ではなくてセクハラだった」と気づくことが多く、また実際にそうだということです。牟田氏は「セクハラ恋愛では、上司や取引先として、指導教員として、会社や大学という組織から与えられた力が私的に濫用されている」とし、さらに「意図的であろうがなかろうが、地位に付随した力を濫用することがセクハラなのです」と繰り返します。

ここで重要なのは、「意図的でなくても力を濫用した」という点です。自分は「あれは純粋な恋愛だった」と思っていても、相手が「部長は仕事もできるし英語もペラペラ、しゃれたお店もたくさん知っている」という点に魅力を感じていたとしたならば、そこにあるのは上司と部下の「力関係」によるものであり、結果的に男性はそれを「意図的でない形で濫用した」ということになります。だとしたら、女性から申し立てがあった場合、セクハラとみなされる可能性が高いのです。

牟田氏は、「中高年男性が『モテる』のは、地位と権力が九割がた」という名言まで記しています。何度も言いますが、不倫中の女性が「違う。私は部長の人間性が好きなの」と言ったとしても、それは関係ありません。そこに「力関係」があるかないかが、不倫をセクハラと認定するかどうかのポイントだということを忘れないでください。

「いや、それでもオレは職場のあの子と交際したい。そして、できればその先、いまの女房と別れて結婚したい」

そう思う人がいたら、まず会社を辞め、いまの肩書きや収入を捨てましょう。それでも彼女は、「いいの。私が好きなのはあなた自身だから」と言ってついてきてくれるでしょうか。だとしたら、それは本当の恋愛かもしれませんので、「あとはお好きに」としか言いようがありません。

しかしもし、「オレ、キミといっしょになるために離婚して、会社も辞めて、アルバイトしようかな」と言ったときに、彼女が「え……時給900円とかで？」と少しでも顔を曇らせたとしたら、とにかくいますぐ彼女に謝り、関係を終わらせるべきです。ただ、そこで終わったからといって安心できず、何年もたってからセクハラの告発が行なわれることもある、というのは、先ほど指摘したとおりです。

どうでしょう。それでも不倫したい、職場恋愛を楽しみたい、という〝つわもの〟はいるでしょうか。私が男なら、とてもそんな危険な賭けはしたくありません。「この人、ステキだな」と思う女性がいても、あくまで仕事の上でアドバイスをしたり参考になる本をすすめたりして、そのキャリアの形成を応援するほうが、よほど感謝もされるし良い関係も築いていけるはずです。

# 第5章
# 文化系説教オジサン

## 夢を反映してきた「ちょいワルオヤジ」

『週刊文春』２０１８年11月29日号を開いて目次を見たとき、私は思わず「えっ」と声を上げてしまいました。そこには「石田純一『表紙ギャラ未払い』（中略）ちょいワル雑誌〈名物〉編集長（67）の〝極悪〟倒産」という文字があったのです。

「ちょいワルオヤジ」というのは、男性向けファッション誌『ＬＥＯＮ』が中年男性に向けて提唱した、新しいライフスタイルです。「ちょいワルオヤジ」に定義があるわけではないのですが、だいたい次のような〝脱マジメ〟というイメージになるのではないでしょうか。

「ちょっと不良っぽくなることもかまわずに、身だしなみに気を遣い、遊びごころを忘れずに、女性にも惜しみなく経験と時間とお金を使う。でも、決して性的関係の無理強いなどはせずに、家族や男友だちも大切にする。教養や文化もひととおり身につけているが、会話は堅苦しくなりすぎず、ちょっとした下ネタを交えたウィットも忘れない。もちろん仕事はかなりデキる」

いっせいに「そんなヤツはいないよ！」というツッコミの声が入りそうですが、先の雑誌『ＬＥＯＮ』は表紙モデルにイタリア人のパンツェッタ・ジローラモ氏を起用して、読者の具体的なイメージをかきたてました。

ジローラモ氏は２０１８年4月16日にニッポン放送の『あさナビ』に出演し、パーソナリティの黒木瞳氏に聞かれて「ちょいワルオヤジ」としての人生の楽しみ方についてこう語っています。

「別に何か悪いことをしなきゃいけないわけじゃない。仕事ばかりじゃなく、ちょっと旅をしてみたり、料理をやってみたり。自分の好きな奥さんと違う感じのことを……ずっと長い間生活していれば、みんな普通になるじゃないですか、そこでチャレンジして塩胡椒すれば、もうちょっとハッピーになる」（『あさナビ』番組ホームページ http://www.1242.com/lf/articles/101197/?cat = life&pg = asanavi）

おそらく本当にこの雑誌どおりの生き方ができる男性などいるわけはないのですが、表紙に日本人からすればちょっと現実離れしたイタリア人のジローラモ氏を起用することで、男性にとっての「夢の世界」が描かれていたのでしょう。また、そこから少しでもファッションに気を遣うようになったり、文化にふれることになったりできればそれだけでも十分、価値あり、ということなのだと思います。また、服装は妻まかせという男性の場合、妻がこの雑誌を見て、「夫はジローラモさんには似ても似つかないけど、スーツはグレーばかりじゃなくてこういうブラウンもいいかも」などと参考にすることもあったはずです。言うまでもありませんが、この雑誌はいまも継続して発行され、一定の読者を獲得しています。

2001年に『LEON』が創刊された際、初代編集長として「ちょいワルオヤジ」というワードやコンセプトを作ったのは、編集者の岸田一郎氏です。1951年生まれの岸田氏は、数々の出版社で自動車、時計、ファッションなどの雑誌を立ち上げて成功させた〝名物編集者〟で、『LEON』を刊行する主婦と生活社を退社後は自分の会社をつくり、そこでも雑誌の創刊にかかわると同時に、自身も「ちょいワルオヤジ」としてメディアにもしばしば登場していました。

## 夢と現実に引き裂かれる「ちょいワルジジ」

それが「雑誌休刊でギャラ未払い」とは、いったいどうしたことなのでしょうか。

『週刊文春』の記事によると、岸田氏はＧＧメディアという会社の取締役となり、２０１７年よりシニア男性誌『ＧＧ』を刊行したものの、その会社が業績不振で雑誌は休刊となり、表紙モデルを務めていた石田純一氏へのギャラも未払いのままなのだといいます。

この『ＧＧ』は、「金は遺すな、自分で使え！」をコンセプトにして創刊され、「50代～60代の余生快楽誌」とうたわれていました。ここから予想はつくと思いますが、要は『ＬＥＯＮ』を読んでいたような40代、50代の「ちょいワルオヤジ」が年を重ね、リタイア前後の世代になったときに手に取る雑誌、それが『ＧＧ』と考えればよいでしょう。雑誌名は「ちょいワルジジ」で『ＧＧ《ジジ》』というシャレをかけていると思われます（ＧＧはGolden Generationsの略）。

私はじつは、この雑誌に創刊前から注目していました。本書でも取り上げてきたように、セクハラ、パワハラなどを平気で行ない、なかなか昔の価値観を捨てられない同世代の男性が私のまわりでも目立っていたため、「これが50代、60代男性への生き方の提言となるのだろうか」と期待していたのです。

ただ、『GG』にはファッション、グルメ、自動車といった従来の〝ちょいワル路線〟に加えて、介護や病気の話も取り上げられていました。〝謎の美女〟とコンバーチブルのクルマでドライブといったグラビアのあとに、前立腺肥大症の名医の紹介という記事があります。この世代となるとどうしても避けては通れない話題とはいえ、まさに夢も醒めてしまうのではないでしょうか。そこで「金は遺すな、自分で使え！」と言われても、なかなか素直には乗れないでしょう。

私はこの誌面を目にして、〝オジサン〟から〝オジイサン〟に移行する世代にとっての「夢と現実」のバランスのむずかしさも、つくづく感じさせられたのでした。

そして、時代も変わりました。

じつは『GG』については、創刊前からネットで炎上するという〝事件〟が起きていました。他社の雑誌ではありますが、『週刊ポスト』（2017年6月16日号）は『G

G』と編集長の岸田氏を取り上げて記事にしています。シニア男性が活性化されることによって、彼らの目が活字にも向き、『週刊ポスト』の売り上げにもプラスになるのでは、という考えだったのかもしれません。

記事の中で岸田氏は、「女性を誘うなら、自分の趣味や知識を活かせる場所を選ぶのが賢い『ちょいワルジジ』の策です」として、創刊号に「きっかけは美術館」という特集を組むと述べていました。そして、そこでのナンパ術を提案したというのです。

「作品や画家に関する蘊蓄を頭に叩き込んでおくこと。

熱心に鑑賞している女性がいたら、さりげなく『この画家は長い不遇時代があったんですよ』などと、ガイドのように次々と知識を披露する」

そのほかにも、「牛肉の部位を覚えておくのもかなり効果的。（中略）『イチボは？』と聞かれたらしめたもの。お尻をツンツンできますから（笑い）」

食事の場でも、鮎の塩焼きの食べ方など粋な作法を「教えてあげると若い女性は感心する」などナンパのメソッドがあれこれと語られていました。

「いまの50～60代というのは生まれながらにして経済的に恵まれてきた〝奇跡の世代〟。

若いうちからいろいろなモノや遊びに触れてきて、造詣が深いのだから引っ込んでいたらもったいない」

## 美術館でのナンパ術に大ブーイング

『週刊ポスト』のこの記事は、注目の記事としてネットで公開されたのですが、またたく間に怒りや非難の声とともに拡散されました。いわゆる炎上です。

コラムニストの網尾歩氏は、ネットメディア『WEDGE Infinity』でこの炎上の具体的な内容をくわしく伝えています。引用させていただきましょう。

「『控えめに言って好きな作家の絵を見てる時に1番されたくないこと全部されてるので消えて欲しい』というツイートは1万回以上リツイートされ共感を集めており、『この手の暇人にしつこく絡まれたら、案内係か受付に〝知らない人に声をかけられて、安心して見学できない〟と言えば警備員を呼んで対処してくれます』と『不審者への対応術』を説いたツイートも約8000回のリツイート。

他にも、『ダサすぎて脱力する』『老害テク』『セクハラ概念がなかった時代の人』『ドン引き』と、男性からも女性からも散々な言われようである」（「『ちょいワルジジ』を擁護する人がいない理由」2017年6月14日配信）

この記事では、なぜ伝説の編集長が語った記事なのにネットでは炎上したのかについても、わかりやすい解説がつけ加えられています。もう少しだけ引用を続けましょう。

「マスコミが上から目線でモテ指南や各種ノウハウを説くことができる時代は今や完全に終わっている。一般人が自撮りをし、自己プロデュースをし、ツイッターやインスタグラムで何万人ものフォロワーを獲得できる時代」

そこで「『業界人』が教えてやる」といったスタンスがまずマズかったというのです。さらに、岸田氏の解説の基本となっている「若い女性に『教えてやる』」といった「上から目線、知ったかぶりなマナー指南、会話に乗じた一方的なセクハラ行為」はいまはすべてアウトで「救いようがない」と網尾氏は手厳しく批判しています。

このように、〝不吉な船出〟をした『GG』でしたが、やはり売り上げも芳しくなく、いくつかのメディアでは取り上げられたものの『LEON』のようなブームは作ることができず、結局休刊となって、この章の冒頭で取り上げたように発行していた会社じたいが倒産してしまったのです。

## 文化系説教ジジイは撃退される

岸田氏のさまざまなインタビューなども見ても、本人に決して「悪気はない」というのはよくわかります。それどころか、岸田氏が目指すのは「男も女もどうせならお互いを意識しあって楽しく生きようよ」と〝男も女も大切にし合う世界〟なのでしょう。

しかし、女性の気を引くためだけの目的で、極端におしゃれに気を遣ったり、音楽や美術、レストランなどの情報を頭に叩き込んだり、女性に声をかけるときには常に〝ナンパ目線〟で迫るべきというのは、とくにいまの時代では完全にカン違いと言えます。それどころか今回の炎上で明らかになったように、多くの女性ばかりか男性からも「迷惑」「ハラスメント」と見られて、もしかしたら警備員や警察を呼ばれてしまうかもしれないのです。

先ほどの網尾氏のコラムでは、２０１１年11月に早くも、作家の柚木麻子氏が「文化系説教ジジイにモテない方法」という連続ツイートを行なったことが紹介されています。

これもたいへんに興味深い内容ですので、いくつかをまとめる形で引用してみましょう。

まず柚木氏は、こういう男性の面倒くささについて述べています。

「『若い女にからみたいけど傷つきたくない。自分が優位にたてそうで、金のかからなそうな、文化系娘を選ぼう』という計算と気弱さが見え隠れする彼らは手をかえ品をかえ、本や映画が好きな妙齢の女性に遠回しなアプローチをかけてきます。みんなが心底迷惑してるのは、うんちくがめんどくさいというより彼らがびっくりするほど傷つきやすく、そして執念深い点です。『ごめんなさい。迷惑なんですけど』なんて言おうものなら涙目で『はあ？　何様？　俺、本や映画の話をしたかっただけだよ？　うぬぼれないでえ！』とキレられ、その後何年も何年も、あなたの悪い噂を流し、恨み続けるからです」

それから柚木氏は、そういう男性への対処法を「『文化系説教ジジイにモテない方法』略して『ＢＧＭ』」と名づけて具体的に解説しています。


**【ＢＧＭ（初級編）】**

BG（文系説教ジジイ）は、金のかかる女、もしくは金をかせぐ女が苦手です。あわよくばレトロ喫茶店のコーヒー一杯で粘り女を口説き落とそうとするようなケチンボウです。あなたが一目でそうとわかる高級品を身につけ、海外買い物旅行やフレンチの話をすれば、及び腰になるでしょう。

【BGM（中級編）】
BGにてっとり早く疎まれるには、ぴちぴちしたイケメンの話をするのが一番です。それも海外スターや実力派俳優ではなく、ジャニーズや韓流スター。携帯の待ち受けにして「夢中なんです。抱かれたーい」ぐらい言えば、「ミーハーで平凡な女だ」と向こうから嫌ってくれるでしょう。

【BGM（上級編）】
この一言でBGはあなたが大嫌いになります。「私、有名になりたい！」理由は説明するまでもありませんね。BGは控えめで、自分を傷つけない楚々とした女性が好きなのです。他にも「金持ちになりたい」とかもいいです。シンプルで力強い女の欲望は、ＢＧが最も苦手とするものです。

どうでしょう。いずれも声をかけてきた男性のひんしゅくを買ってまでその人を撃退するというかなり過激な方法であり、実行するにはかなりの勇気が必要です。もし相手が仕事の関係者なら、その後、業務などに支障が出ることも考えられます。またそうすることで逆に「キミ、なかなか面白いね」とＢＧ（文化系説教ジジイ）の気持ちに火をつけてしまうかもしれません。

しかし、中にはそういったリスクを侵してでも「ＢＧＭを敢行したい！」と思ってしまう場面があるのも事実なのでしょう。

## 自己主張のなさがユニクロの魅力

では、『ＬＥＯＮ』世代から『ＧＧ』世代へ、40代から50代を経て60代になる男性たちは、どう生きればよいのでしょうか。妻以外の女性とはいっさい話さないですごさなくてはならないのでしょうか。それもまた違うはずです。

ファッションウェブメディア『WWD JAPAN.com』で2018年11月5日、とても興味深い記事が公開されました。ファッション週刊誌の編集記者・林芳樹氏による「気がつけばみんな『ユニクロ』を着ている　平成に起きたアパレル革命」というタイトルのコラムです（https://www.wwdjapan.com/733849）。

林氏によると、1998年のフリースブームから始まった〝ユニクロ旋風〟は、あっという間にユニクロを〝安い服を提供するメーカー〟から〝ベーシックで高品質なものを提供するメーカー〟へと押し上げたと言います。林氏はいまやユニクロの服は「水道の水、あるいは電気やガスのような生活インフラ」にまでなっているというのです。

たしかに先日、同世代の男性たちと食事をしながら聞いてみたら、ほぼ全員が何らかのユニクロ製品を身につけていることがわかりました。それも一点ではなくて何点か、中には「考えてみれば今日も下着からシャツ、パンツまでみなユニクロ」と言う人までいたほどでした。興味深かったのは、彼らは「とくにユニクロ好きではない」「今日もそんなにユニクロを着ているとは気づかなかった」と語っていたことです。それがまさにユニクロが〝生活インフラ〟になっていることを物語っています。

　林氏は、十数年前にユニクロを率いるファーストリテイリング会長兼社長の柳井正氏を取材したときのことを思い出します。柳井氏はこう語っていたというのです。

「服はファッション性が全てではない。そんなことに興味がある人はごく一部。服に興味がない人がストレスなく楽しめるのが本当に良い服だ」

　この「服に興味がない人」をターゲットとして設定したのがユニクロの大成功につながったと、林氏は考えます。コラムから引用しましょう。

「柳井氏は、ファッションのことなど考えたくない、あれこれ選ぶこと自体がストレスと感じる消費者の方が大多数であると見極め、彼らに売る戦略を考え抜いた。このコペルニクス的転回に比べれば、低コストの中国で大量に作って低価格で売るというのは、副次的な手法にすぎない」

　しかも、誰もが知るようにユニクロの製品は強く自己主張もしないかわりに、極端にセンスが悪かったりおかしな印象を与えたりするものではありません。ユニクロを何点か身につけるより、いっそシャツもジャケットもパンツもソックスもすべてユニクロで備えれば、それなりに清潔感のあるコーディネイトができ上がるはずです。また、まわりの人たちも「あ、あのインナー、ユニクロのカットソーだな」と気づきはしても、だからといってその人の評価が極端に下がることもありません。ファッションなんて完全にどうでもいいと投げやりになっているわけでもなければ、『ＬＥＯＮ』を熟読して常にモテるファッションを考えているわけでもない、「ファッションにそれほど興味はないが、それなりにきちんとはしたい、不潔な印象は与えたくない」くらいには考えている人が買うブランド、それがユニクロなのです。そう考えると、インフラとしてはかなり上出来な部類と考えられます。

## 流行りの話題で話を合わせる

私は、この傾向はファッションにかぎらず、いまの社会で広く起きているのではないかと感じています。

たとえば、日本であっという間に興行収入が１００億円を超えた映画『ボヘミアン・ラプソディ』は、ある意味、「インフラ化した映画」とも言えます。一時期は多くの人が見ているか、見たいと思っていたのではないでしょうか。「『ボヘミアン・ラプソディ』なら１月に見たよ。ライブエイドはリアルタイムで知っていただけにちょっと泣いちゃった」と語るのは、映画通ぶっているわけでも先ほどのＢＧ（文化系説教ジジイ）でもありません。もちろん、炎上してしまった岸田氏の「ちょいワルジジ」でもないでしょう。逆にそこで「何だ、それ？　喫茶店の名前？」などと言うほうが、「何も知らないんだ」とちょっと軽蔑されてしまうかもしれません。

かと言って、「ジョナス・メカスが亡くなったよね。メカスと言えば故郷を何十年かぶりに訪ねる『リトアニアへの旅の追憶』だよね。え、見てない？　映画好きなんでしょ？　ダメだなあ。今度ＤＶＤ貸そうか」などと、やたらとマニアックな知識やうんちくを披露する必要はありませんし、それをやるとあっという間に〝文化系説教ジジイ〟になってしまいます。

テニスの大坂なおみ選手の活躍、アイドルグループ「嵐」の活動休止などについてもそうです。「オレいっさい関心ないんだよ」「まったく知らない」という態度を取るのもつき合いづらいと思われてしまうし、かといって「テニスと言えば……」とそこから話を広げて自分の経験談や知っていることを語る必要もありません。「話題のインフラ」として知っていれば、コミュニケーションの材料としては十分なのです。

## 趣味の話題でモテを狙うのはタブー

もちろん、長く生きてきたオジサンがいろいろな趣味を身につけていたり、その中のひとつをオタク的にきわめたりしているのはけっこうなことです。でも、趣味というのはあくまで個人的なものであり、誰かにひけらかしたりいっしょにやるように強要したりするものではありません。

それに、もしかしたらあなたの趣味について、いちばん「いっしょにやりたい」と思っているのは、すぐかたわらにいる妻かもしれないのです。

私の友人でも、夫が定年になり時間ができたら、夫が長年、趣味にしている釣りを自分も覚えていっしょに海に出かけたい、と楽しみにしていた人がいました。ところが定年を迎えた夫は、待ってましたとばかり本格的な釣りのサークルに入り、自分ではなく、ネットでさかんに「女性会員も大募集！」などと呼びかけている、ということがわかったのです。妻である友人が「私も行ってみたいな」と言うと、夫は「おまえは船に酔うって言ってただろう。ムリだよ」とあっさり拒絶。友人の嘆きと怒りは言うまでもないでしょう。

「いや、趣味まで妻といっしょというのは……かんべんしてほしい」と言うなら、せめてそれをモテるために悪用したりはしないで、ひとり静かに打ち込む。同好の士の集まり以外ではやたらとうんちくを傾けない。それくらいの〝たしなみ〟は忘れないようにしたいものです。

# 第6章
# 上昇志向オジサン

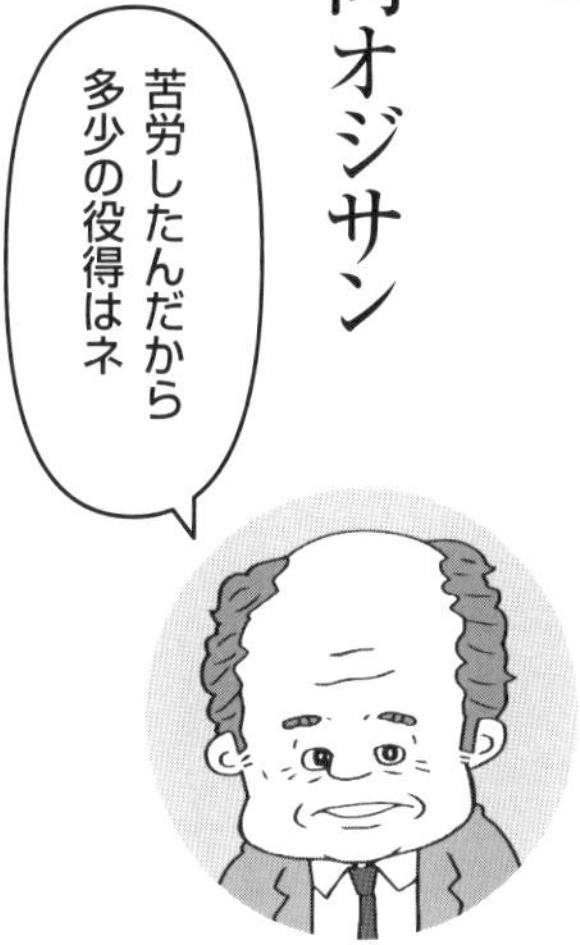

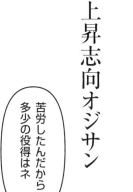

## 最終的に会長にまで上り詰めた課長島耕作

「出世は男の本懐」などとも言われますが、出世の欲、つまり上昇志向が強すぎてまわりから嫌われる人や、求めていた座に一度はついてもすぐに失脚してしまう人もいます。

２０１８年には、私の出身校である東京医科大学で、不名誉な入試不正事件が発覚しました。社会的に注目を集めたのは女子受験生への入試差別でしたが、これがそもそも発覚するきっかけになったのは、私立大支援事業をめぐる文部科学省の汚職事件でした。

独自色のある研究を行なう大学のために施設費などを補助する「私立大学研究ブランディング事業」という制度があります（２０２０年度で廃止）。それを実施する文部科学省の科学技術・学術政策局長（当時）に、東京医科大学の前理事長らがその補助対象に同大を選ぶように依頼。すると局長は、その見返りとして自分の息子を同大医学部に入学させてほしいと言い、結局、その息子は入試の点数が不足していたにもかかわらず、不正に加点されて合格したのです。

ところがこの不正はやがて発覚し、その局長は受託収賄罪で逮捕、起訴され、当然、局長職からも解任されました。法的な裁きはこれからですが、官僚となってこれまで努力を重ね手に入れたもののほとんどを失うことになるでしょう。

それにしても、医学部入試で不正を持ちかけるなどというのは倫理的にも大問題ですが、万が一発覚したらこうして社会的地位を喪失するのはわかっていたはず。それなのに、どうして彼はこんなことをしてしまったのでしょうか。

この章では、まず多くの男性が持っている〝上へ上へ〟という〝出世の欲〟や上昇志向について考え、この文部科学省官僚のようにふとした気のゆるみで、得たものを失ってしまうという問題についても考えてみたいと思います。つまり、上昇志向にまつわるカン違いについて、述べてみたいのです。

日本で仕事をしている世代の人なら、第1章でもふれた「島耕作シリーズ」をまったく知らないという人はまずいないのではないでしょうか。『課長 島耕作』の連載がマンガ雑誌『モーニング』で始まったのは1983年。その後、1992年には『部長 島耕作』に引き継がれ、2002年からは取締役、それから常務、専務とどんどん役職が上がり、2008年からはついに『社長 島耕作』が始まりました。

それからもさらに「会長」、一方で昔に戻って「係長」「ヤング」「学生」といったシリーズも加わるなどして、いまもなおさまざまなスピンオフ作品が創られています。まさに昭和の終わりから平成を代表するマンガのひとつと言えます。

島耕作が働くのは、大手電機メーカーの初芝電器産業。連載が開始されたのはバブル以前ですが、それから実際の時代とシンクロするように初芝電器は業績が伸びたり、バブルが崩壊してあおりを受けたり、中国移転話が出たり、下請け会社とのあいだで軋轢《あつれき》が生じたりしています。また島耕作自身も、異動、海外駐在、左遷、また本社復帰と大企業で働くビジネスマンが経験することをひととおり経て、ついには社長から会長へと昇りつめていくのです。そのあいだには〝出世〟をめぐって、派閥争いや学閥争いに巻き込まれ、嫉妬されて裏切られることもあれば、思わぬ部下が裏から支えてくれることもありました。

島耕作はいわゆる〝モーレツ社員〟とはやや違うイメージで、常に親密な女性がいて逢瀬を楽しんだり、銀座のクラブやバーに飲みに行ったりもします。昔あるいは最近の映画や音楽について語るシーンもありますから、いわゆるカルチャーにも興味がありそうです。

とはいえ、〝出世〟に背を向けているわけではなく、チャンスがあれば常に上を狙いたいという気持ちはあるようです。これは何なのでしょう。

## 権力欲は人間に備わっている本性

ドイツの哲学者フリードリヒ・ニーチェ（1844〜1900年）の死後、見つかった草稿をまとめた『権力への意志』という本があります（『ニーチェ全集〈12〉権力への意志 上』『ニーチェ全集〈13〉権力への意志 下』原佑訳、ちくま学芸文庫、1993年）。本書の中でニーチェは、ヨーロッパで普遍的価値とされるキリスト教的な道徳を批判し、こう言っています。

「生は、一つの特殊の場合（ここでみられることを生存の総体的性格へとおよぼしうる仮説）として、権力の極大感情をもとめて努力する。それは本質的には権力の増大をもとめる努力であり、努力とは権力をもとめる努力以外の何ものでもなく、最深最奥のものはあくまでこの意志である」

このニーチェの「権力への意志」は単に「出世したい」という意味ではなく、一方でニーチェがとりつかれていたニヒリズム（虚無主義）を乗り越えるため、生きることを肯定するための概念とも言えるのですが、いずれにしても「権力への意志」は人間が生きる上で本質的なものであるようです。

また、ニーチェの影響を受けた心理学者のアルフレッド・アドラー（1870〜1937年）は、少し言葉をかえて、人間を動かす原動力になるのは、「優越を求める心」だと主張しました。アドラーの言葉からも引用しましょう。

「優越性の追求は、決してやむことはない。実際、それは個人の心、精神を構成するものである。（中略）人生は目標を達成しようとすること、あるいはそれに具体的な形を与えようとすることである。そして、具体的な形を達成することへと向けて人を動かすのは、優越性の追求である」（『個人心理学講義――生きることの科学』岸見一郎訳、アルテ、2012年）

ニーチェとアドラーの言葉を読んでいると、「出世したい、人の上に立ちたい」というのは、人間にもともと備わっている本性だというような気もしてきます。

## 「いつの間にか出世していた」が理想なのか

かつて島耕作シリーズの作者であるマンガ家の弘兼憲史氏は、起業家の俣野成敏氏との対談でこう語っていました。

「島耕作自身は、社長になろうなんて考えたことはないですね。出世したいと思ったことは１回もないです。気がついたら周りに押し上げられている。僕の友人には社長も多いですが、社長に任命されるときは１週間前に突然言われたりするようです。寝耳に水みたいなことも珍しくない。逆に最初から社長になろうと頑張ってなった人は少ない印象です。組織ってそんなものなんですね」（『プロフェッショナルサラリーマン実戦Q&A編』俣野成敏著、プレジデント社、２０１３年）

つまり、「権力への意志」「優越を求める心」は誰にでも備わっているものの、それをむき出しにするとかえってうまくいかないということなのでしょう。弘兼氏は同じ対談でこうも言っています。

「島耕作は会長になりますが、僕は出世しようとしまいと、どちらでもいいと思うんです。全員が全員、社長になりたいやつの集団だったら、ちょっと不気味でしょう。会社ってうまくできていて、これからどんどん出世していきたいという上昇志向のある人と、俺は別に出世しなくてもいいけど、自分の小さな幸せだけを守っていきたいという人と、2通りあると思うんですよ」

そして、「自分の小さな幸せだけを守っていきたい」というタイプだっていいじゃないか、と〝島耕作になれない人たち〟にもエールを送るのです。

では、島耕作のように「自分にある権力欲を意識せず、知らないうちに社長、会長になっていた」というタイプがいちばんの理想なのでしょうか。人間はそんなにうまく自分の中にある権力欲をコントロールできるのでしょうか。

別のインタビューで弘兼氏は「島耕作は会社人間ではなくて仕事人間」としてこう語っています。

「島耕作シリーズは日本の会社が世界でどういう立場になるのか、企業の人たちはどういう心持ちで働いているのかを描きたいと思って続けてきました。右肩上がりで夢があった時代の仕事が好きなビジネスパーソンの話です。理想は嫌々ではなく、好んで仕事

をしていること」（「働き方改革、それでも島耕作はモーレツに働く」『日本経済新聞』２０１７年7月19日付）

「なるほど、権力欲を秘めていてもそれをむき出しにせず、心の中では『上へ上へ』と願いつつも、『自分は会社ではなくて仕事が好きなんだ』と思いながら働けば、欲望をコントロールして島耕作になれるんだ」と思う人もいるかもしれません。

## 〝ふつう〟を目指していても燃えつきる危険

しかし、その〝上へ上へ〟という隠れた権力欲の先には、落とし穴がいくつも待っています。

まず、いったん「上を目指そうか」などと思ってしまおうものなら、自分でもそれをコントロールできず、知らないあいだに自分に無理を強いて、過労うつや燃えつき症候群に陥ってしまう危険性があります。

労働問題の研究者である熊沢誠氏・甲南大学名誉教授の『働きすぎに斃《たお》れて』（岩波書店、２０１０年）は、働く人にとっては恐ろしい本です。そこには「自発性を持って仕事に取り組もう」という一見、働き手を尊重するようなかけ声のもと、知らないうちに働きすぎの状態に追い込まれ、ついには過労死、過労自殺にいたる、という事例が多数、紹介されています。熊沢氏は本書でこう書いています。

「平均的な家財、よりましな住宅、望ましい子弟の教育のため、この会社でがんばらねばならないと彼らは思い定めていた。妻たちもアンビヴァレントな状況におかれていた。彼女らの多くは、一方では夫や父親の体調不良が限界に近づいていたことをおそらく察知しており、休養、いや退職さえ勧めてやまなかったが、他方では、最後近くまで、精鋭社員として期待されている夫や父親がばりばり働いて家族にふつうの生活のできる稼ぎをもたらしてくれることに、感謝と誇りを感じてもいたのである」

ことさら「競争社会の歯車になろう」「人を蹴落とそう」としたわけではありません。ただ、〝ふつうの生活〟をしようと考え、自主的に会社や組織の中でがんばってきただけ。それにもかかわらず、いつの間にか自分の限界を超えて働き、まわりも「ああ、ちょっとやりすぎなんじゃないの」とうすうす気づきながらも、笑顔も忘れて深夜まで働き続ける家族に対して、「もっとのんびりしてよ」と声をかけられません。「企業内の成功者にならなければ肩身の狭い生活しかできないという『確信』」が、多くの労働者にあるのではないかと熊沢氏は考えるのです。

そういう状況の中で働き続けるうちに、いつの間にか「家族のため」「自分のため」と、「会社のため」「仕事のため」との区別がつかなくなっていきます。また、会社側もそうやって弱音も吐かず、自発的にがんばり抜こうとする従業員は生産性アップのためには好都合なので、「がんばればがんばるだけ、高く評価しますよ」と出来高払いの制度、成果主義をちらつかせることで、ますます競争や仕事に駆り立てようとします。

そして、はっと気づいたときにはボロ雑巾のようになっているか、すでに命まで失われているか……。これが日本の過労死、過労自殺の実態なのだと、熊沢氏は言います。つまり、「気立てのよさ」をそっちのけにして、「効率、自己実現、成功」を求めすぎた結果、自分も家族も破滅させるような悲劇が待っている場合もあるということです。

では、この人たちは最初から「企業内の成功者」となって島耕作のようにどんどん出世したり、その結果としてゴージャスな生活をしたりしたかったのかというと、どうもそうではありません。先の引用にもあるように、少なくとも意識のレベルでは、ただ

〝ふつうの生活〟がしたかっただけなのです。島耕作のように「会社のためにではなく、仕事が好きだからやってるだけだ」と思っている可能性もあります。

過労死や過労自殺までには至らなくても、過労うつや燃えつき症候群に陥るビジネスマンは少なくないでしょう。

「燃えつき症候群」もしくは「バーンアウト」とは、「本人の自覚が乏しい中で心身の疲弊状況が続きすぎた結果、あるとき突然、意欲をすっかり失って何もかもいっさいができなくなる」という状態を指します。正式な診断名ではありませんが、高い使命感や責任感を持って取り組み、激務となることが多い、看護や介護、福祉の領域で問題になってきました。もちろん、島耕作タイプの仕事人間でもこれが起きることがあります。

## 感情が乏しくなったら赤信号

本人は「オレは仕事が好きなんだ」と無自覚なままに働いた結果として起きる燃えつき症候群ですが、いくつかの兆候はあります。

ひとつは「感情の消耗」です。仕事のあいだに医師であれば患者や職員に対して心を寄せ、気持ちをくみ取り、感情的エネルギーをすべて使いきってしまった結果、「心からクタクタ、もう何も考えられない」という状態が繰り返し押し寄せるようになります。

兆候のもうひとつは、「脱人格化」と呼ばれています。これは、サービスを受ける相手、ビジネスマンならばクライアントなどに対して、事務的、紋切り型の反応しか返せなくなることです。意地悪をしようと思っているわけではないのに、専門用語を羅列したり、早口で機械的に説明したりしてしまうこともあると言われています。これは、先の「感情の消耗」に続けて起きることが多いようです。仕事ではもはや感情のエネルギーを使うことができない状態となっているため、こういった無機質的な対応をすることにより、相手との親密で感情的なやり取りを避けようとしているのです。完全な燃えつきに至らないようにするための、最後の自己防御と言えます。

本来ならば「感情の消耗」が起きた時点、あるいは「脱人格化」に気づいた時点で、「これは危ない」とペースを落としたり休暇を取ったりすべきなのです。ところが、実際にはそうできずに、「あれ、おかしいな」とうすうす感じつつもさらに仕事を続けることになる人も少なくありません。

そうなると、ついに「達成感の低下」という状態が始まります。仕事のやりがいが急に感じられなくなり、実際に能率が落ちたりミスを連発したりするようになります。感情のコントロールもできなくなり、イライラしたりキレたり、逆に突然、無口になったりする人もいます。そうなると部下などからも「課長、いったいどうしたの？」といぶかしがられ、次第に遠ざけられるようになり、孤立していきます。取引先からの苦情も相次ぐかもしれません。そして、さらに達成感が低下し、自信を喪失してやる気が完全になくなってしまうのです。

そのころには倦怠感や頭痛、動悸、吐き気、腹痛といった身体症状もあれこれ出現し、朝起きてもまったく起き上がれなくなるでしょう。そして、それでも仕事を休めないとなると、「もうここから逃げ出したい」と自殺を考える人も出てきます。

これが、恐ろしい燃えつき症候群です。

いったん〝上へ上へ〟の願望に取りつかれると、「まあこれくらいでやめておくか」と歯止めをかけることができなくなります。同時に「意識していなかった権力欲」が表に出てくるかもしれません。「ふつうの生活がしたい」「仕事が好きだから」と考えて働き始めただけなのに、いつの間にか「〝企業の中での成功者〟にならなければ」「いや、なるしかない」と思い込んで自分を追い詰めていくことになります。

島耕作のように、仕事とプライベートや趣味のバランスをいつも大切にすることはなかなかむずかしく、まして「社長になる気もなかったのにいつの間にかなっていた」などということはほぼありえない夢物語と言ってもよいでしょう。

そういう意味で、「権力への意志」はやはりニーチェやアドラーが述べたように、人に生来、備わったもので、それをうまく操縦しながら「出世もするけど自分を滅ぼすこともない」という状態をキープするのはむずかしいのではないでしょうか。逆に考えれば、だからこそ島耕作は「いそうでいない理想のビジネスマン」として長く読まれ続けているのかもしれません。

## 「オレの手柄」が最大の落とし穴

そして、万が一、自分の権力欲、出世欲をうまくコントロールし、心身もこわさず、まわりからもサポートされ、まさに島耕作のようにどんどん地位が上がっていったとしても、その先にもさらに恐ろしい落とし穴が待っています。

それが、冒頭に述べた文部科学省官僚のような気のゆるみと、その結果としてのスキャンダルです。

この点は私たちは島耕作に学ばなければならないかもしれませんが、出世からはタイミングや運という要素を切り離すことはできません。同じように仕事が好きで、同じように努力しても、どんどん昇進する人もいればそうでない人もいます。

島耕作の場合は、窮地に陥るといつも「そうだ、あいつがいた！」などとその問題を解決してくれる知人を思い出したり、そういった人が現れたりします。シリーズを通して活躍する「グレちゃん」こと木暮久作は私立探偵にして親友という設定で、社内のスパイ事件の調査などで敏腕を発揮します。また、第1章でもふれた中沢喜一も、社長から相談役になって急死するまで、一貫して部下の島耕作を信頼し、救いの手を差しのべ続けました。

誰にでもグレちゃんや中沢喜一のような明らかな味方がいるわけではありませんが、それでもある分野でどんどん地位が上がり、ひとかどの成功者になった人は、それなりに運やタイミング、部下や上司、あるいは家族などに恵まれていたに違いありません。

しかし、なぜか成功を手にした男性は、「これはオレの手柄だ」と、自分の実力と努力だけでその地位をつかんだとカン違いしがちなのです。

これが立身出世が持っている、最大の落とし穴だと思います。

これまでに、総理大臣にまでなったのに愛人の存在が発覚してその地位を失った人もいれば、最近でいえばカルロス・ゴーン氏のようにグローバル企業の最高経営責任者になってもさらに私腹をこやそうとしたとして起訴された人など、「地位を得てから失敗した人」は枚挙にいとまがありません。

日本には「実るほど頭《こうべ》を垂れる稲穂かな」など、成功したあとに傲慢、尊大になることを戒め、謙虚であれとすることわざなどもあるのに、実際にはそれができず、「オレにはこれくらいのことをする権利がある」と女やカネの問題を起こしてしまう人が後を絶たないということです。

## 欲望をコントロールできる人が真の成功者

出世には「何が何でも上へ、上へ」というある意味、無邪気で子どもっぽい野心が少なからず必要ですが、出世を果たしたあとは違います。やはり人格的にもおとなになって、そのときこそ自分の欲望をしっかりコントロールする必要があるのです。

島耕作は、会長職にまで上り詰めたあと、長年の公私のパートナーであった大町久美子と正式に結婚をします。それは不治の病に侵された大町からの要求にこたえてのことでしたが、それからの島は妻となった彼女にさらに深い愛情を注ぐようになります。

「落ち着いてしまった島耕作は面白くない」という声もあったようですが、「会長になって、それでもまだヤンチャ」というのは、やはりありえないのです。このおとなとしての「成熟した人格」はまわりからはあまり面白みがなく見えるかもしれませんが、成功者となったあとにつまらないスキャンダルで身を滅ぼさないためにも、「出世を果たしたあとの落ち着いたおとな人格の獲得」は、やはりどうしても必要と言えるでしょう。

では、「成熟したおとな人格」とは何なのか。ここではアメリカの人格心理学者であるゴードン・ウィラード・オールポート（1897〜1967年）による「成熟したパーソナリティ」の3つの条件を、その著書『パーソナリティ――心理学的解釈』（詫摩武俊他訳、新曜社、1982年）より〝超訳〟して、挙げておきましょう。

①自己の拡張

さまざまな問題やことがらへと興味が広がっていく、つまり、自己の意識が年齢とともに拡張していくというのが成熟した人間の第一条件である。それは仕事、趣味、人間関係、社会問題、レクリエーションなど多岐にわたる。

そして、自分が価値があると思ったものには、力いっぱい取り組むことができる。ただし、それは自己中心的であったり、わがままで他者に迷惑をかけるようなものであってはならない。

そして、さまざまな興味は、次第にはっきりした人生の目標への方向づけへとつながるものになるべきだ。それは「指向性」と呼ばれているが、いつまでたっても「求めている目標がぼんやりしている」という状態では、いくらあれこれ興味があっても成熟した人間とはいえない。

②自己の客観化

自分に対して、ある程度、客観的な態度を持てるかというのが、成熟した人間の第二の条件だ。いくらさまざまなものへと興味が広がり、人生の目標が定まってきたとしても、それが現実的なのか、あるいはまわりの人が自分をどう見ているかなど、自分を客観視できなければ、それは自己欺瞞に終わってしまう。

このように自分を客観的に見ることができる能力を心理学では「洞察」と呼ぶが、それと深く結びついているのは「ユーモアのセンス」だということが研究で明らかにされている。ただの露骨な冗談ではなく、ときには自分自身や自分が好むものさえも笑いの対象とし、さらにそれを愛することができて、まわりを不快にしない真のユーモアのセンス、そしてそれを支える「洞察」こそが、成熟した人間には不可欠なのだ。

③一貫した人生観

第一の条件は「自分の興味を広げ、次第にそのどれかに没頭するという態度」であり、第二の条件は「そこから一歩退いて自分を客観的に見つめるという態度」であったが、それをまとめるものとして必要なのが第三の条件、すなわち「一貫した人生観」である。

これは必ずしも本人がしっかり意識しているとは限らないが、成熟した人間とは、その人のいろいろな行動や発言がなんらかのひとつな価値体系に結びつくような、包括的な人生観を持っているものである。つまり、成熟した人間は、その一貫した人生観に基づいていろいろな興味を持ち、社会的な活動に参加し、深く考え、人とつき合い、そして笑うのである。

どうでしょう。たしかに社長、会長と上り詰めた島耕作は、こういった条件を次第に身につけていったように思われます。

ここまでいけば誰にもケチはつけられないでしょう。あなたあるいはあなたの身近なオジサンにはこの3つの条件は備わっているでしょうか。

# 第7章 子ども部屋オジサン

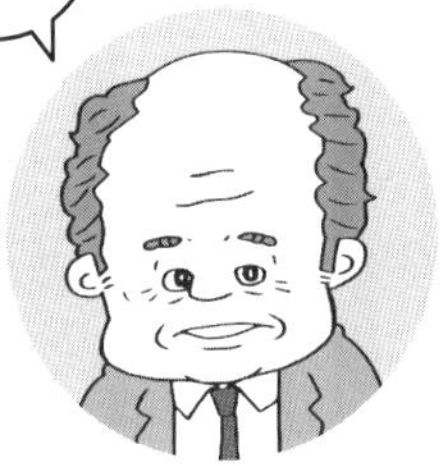

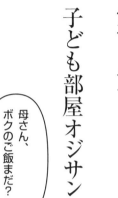

## 独身オジサン急増中

匿名掲示板の5ちゃんねる（旧2ちゃんねる）に、２０１９年2月、面白いスレッドが立ちました。

題して、「子供部屋おじさんが爆増中。。。そらこの国滅びるわけだわｗ」。

きっかけは、フジテレビ系列のＦＮＮがプライムニュースと連動して作っているオンラインジャーナル『FNN.jpプライムオンライン』の特集「増加する〝生涯未婚〟のホンネ」です。この企画では、「50歳の時点で一度も結婚したことがない人」を示す生涯未婚率が１９８０年代から増加し始め、いちばん新しい２０１５年の国立社会保障・人口問題研究所の調査では男性が23・４%、女性が14・１%と、過去最高を記録したことを受けて、その原因や影響が多角的に論じられています。

もちろん50代、60代で初めて結婚する人もいるので、50歳の時点で結婚していない23・４%の男性が一生、そのまま独身だと決まったわけではありません。とはいえ、50歳で未婚となればその時点で「独身オジサン」であることはたしかです。そして、およそ4人に1人はそういう状態だということです。

本書ではこれまでおもに、「結婚して家族がいるオジサン」あるいは島耕作のように「別居していたり離婚経験があるオジサン」を想定して話を進めてきましたが、4人に1人というかなりの割合の「独身オジサン」のこともっと考えるべきだったのかもしれません。

もっとも、「独身オジサン」の場合でも、基本的なところは「既婚オジサン」と変わりません。セクハラや暴力はダメですし、メディア・リテラシーは必要です。出世、出世とガツガツするのが輝いていたという時代が終わったのも、既婚、未婚とは関係ありません。一方、「独身オジサン」は女性と交際しても、相手が独身であれば「不倫」にはなりえません。その分だけ、オジサンが犯しがちなあやまちのリスクは低いとも言えます。

しかし、「独身オジサン」にも問題はあります。そう言うと、すぐにこんな声が聞こえてきそうです。「そうだよ。病気になっても誰も看病してくれないし、そのまま孤独死という危険もあるんだ。休日だって〝家族でキャンプ〟というわけにはいかず、寂しくてつまらないよ」

しかし、それは本人から見た問題で、ちょっと厳しい言い方をすれば自己責任だとも言えるでしょう。家族を養うといった義務からは解放されているのだから、少しくらい寂しいとか将来が不安だとかいうデメリットも受け入れるべきではないかと思うのです。

私は何も「独身オジサン」を責めているわけではありません。

私のまわりにも40代、50代で結婚歴ナシという男性がちらほらいますが、みんな「オレの老後はどうなるんだろう」と言いながらも、家族がいたらできなかったようなバイクでのひとり旅をしたりマニアックな楽器に大金を投じたりと、楽しそうに暮らしています。「子どもはいないからせめて若い人たちを育てたい」と後進の育成に打ち込む、尊敬すべき「独身オジサン」もいます。

それに私は、人生の選択は基本的に本人の自由だと思っているので、「誰もが結婚して子どもを持つべき」などと言うつもりはまったくありません。

## 実家暮らしで身のまわりのことは親まかせ

ただ、本人が感じているのとはやや異なる「独身オジサンの問題」があります。それがリアルに取り上げられているのが、先述した「増加する〝生涯未婚〟のホンネ」なのです。

とくに5ちゃんねるでスレッドが立つくらい話題になったのは、2019年1月23日にウェブで公開された「親と暮らす〝中年未婚者〟が増加…彼らはなぜ同居を選ぶのか」(https://www.fnn.jp/posts/00411700HDK) でした。

ここでとくに注目されているのは、「親と同居し続ける独身オジサン」です。

記事では「親と同居する未婚者数は、1980年の約1600万人に対し、2016年は約1900万人に増加」し、とくに「独立していてもおかしくはない壮年未婚者や高年未婚者は、1980年から現代にかけて急激に増加している」ことが、総務省などの調査結果とともに示されています。

中年まで結婚していないのはさておき、いつまでも実家で親と同居している人、つまりスレッドのタイトルにあるように、「子供部屋おじさん（子ども時代からの自分の部屋を使い続けるオジサン）」が増えているようなのです。さすがに室内のインテリアや置かれているものは子ども時代とは同じではないはずですが、このスレッドに「自分もそう」と何人かが貼った自室の写真の中には、「学生時代から使い続けていると思われる勉強机の上にパソコン、アニメキャラのフィギュアがいっぱい」「生活感がない部屋に熱帯魚の水槽と大きなモニター」といった完全に〝趣味仕様〟のものが少なくなく、思わず笑ってしまいました。

どうしてそんなことになっているのか。記事では、実家住まいの独身オジサンたちへの調査から、「生活面でのメリット」を最大の理由に挙げています。実家にいれば家賃もかかりませんし、親が元気なうちは食事の支度や洗濯などもしてもらえます。実際にスマホがあれば電話などでの外部との連絡は自室から自由にできる上、もうおとななのですから門限もないでしょうし、外泊をとがめられることもないでしょう。

いまさら繰り返す必要もありませんが、「生活」とは「日々の営み」であり、単に仕事や趣味だけでできているわけではありません。食事、排泄、入浴など生命の維持のために必要なものもそこには含まれ、さらにそれを準備したり始末したりする「家事」というものが不可欠です。思想家のイヴァン・イリイチ（1926〜2002年）は、「賃金は支払われないが生活の基盤を支えるためにどうしても必要な仕事」を「シャドウ・ワーク」と呼びました。たとえば専業主婦が家庭で日々こなしているのはこのシャドウ・ワークということになります。

おそらく〝子ども部屋オジサン〟たちは、料理、洗濯、掃除などのシャドウ・ワークが苦手だと思います。いつになっても、それは家にいる母親など自分を守ってくれる女性の役割だ、と思い込んでいるのではないでしょうか。そういう意味で、〝子ども部屋オジサン〟も「男は仕事、女は家庭」のカン違いオジサンたちのバリエーションのひとつではないか、と私は考えるのです。

## 両親の介護もスルー

今後、その生活が続けば両親の介護などの問題が出てくるかもしれませんが、それさえうまく避けるオジサンもいます。

私のある友人の弟が、まさにこの〝子ども部屋オジサン〟状態なのですが、高齢化して病院通いが多くなったり生活にサポートが必要になってきたりした両親は、すぐに離れて住む友人、つまり〝子ども部屋オジサン〟の姉に電話をしてくるのだと言います。友人はグチをこぼしていました。

「いっしょに住んでるんだから弟にやらせればいいのに、両親は『あの子は仕事が忙しいし』『たまの休みは気晴らしに釣りにでも行きたいだろうから』と何だか気を遣ってる。おかしいよ……」

ずっと実家に住み続ける娘たちも増えているはずなのですが、おそらく娘たちのほうは必要に応じて家の用事や両親のケアなどもある程度はやっており、大切な家のサポート要員や介護の担い手としての機能を果たしているのだと思います。

実際に診察室には、そうやって実家にとどまり続け、40〜50代になってひとりで介護を担わされざるをえなくなった末、うつ状態になった女性がかなり多くやってきます。

その点が、子ども時代とあまり変わらずにただ行き先が学校から会社になっただけで、あとは母親に世話をしてもらいながら、自室で趣味に没頭する暮らしを続ける〝子ども部屋オジサン〟とはかなり違います。だから、彼女たちが〝子ども部屋オバサン〟として社会問題化することはないのでしょう。

## 経済的な理由ばかりとはかぎらない

著書『パラサイト・シングルの時代』（ちくま新書、1999年）で知られる社会学者の山田昌弘氏は、〝子ども部屋オジサン〟は1990年代後半の「パラサイト・シングル」がそのまま壮年化した可能性を前出の記事で指摘しています。山田氏の言葉から引用してみましょう。

「結婚するよりも実家にいるほうが良い生活を送れるからです。例えば、非正規労働者の方が結婚して家を出た場合、生活水準が下がる危険性があるでしょう」

「以前は若者の多くが正社員になれたが、現在は非正規労働者も多く、1980年代と比べて経済格差が広がったように感じる。女性は給与水準も低く、半端な男性と結婚するなら『親と同居した方がまし』となる。そして相手を待つが、条件を満たす相手はなかなか来ない。これでは未婚にもつながります」

つまり、非正規労働者の増加により、身分が不安定だったり収入が低いままだったりする人が増え、その結果として未婚のまま実家にとどまる〝子ども部屋オジサン〟となる、というのが山田氏の説明です。

たしかにそれがいちばんの理由かもしれませんが、それだけでしょうか。たとえば私がかつて産業医をしていたある企業では、長時間残業者に義務づけられた面談で会う社員に多くの「未婚、実家住まい」がいました。彼らはもちろん正規雇用でその会社は年収もかなり高かったはずですが、30代、40代、中には50代の「実家住まい」という社員もいたのです。

もちろん彼らが〝子ども部屋オジサン〟なのか、それともたまたま実家を出るタイミングを逸したり逆に両親のサポートのために実家にいるだけで、子ども時代と同じような生活スタイルを続けているのかどうかはわかりません。

ただ、月に70時間、80時間という長時間の残業をしている人の多い会社でしたから、家に帰るのは深夜となり、当然、両親の病院通いにたびたび付き添う、というようなわけにはいかないでしょう。

そういう人の健康状態を知るために「夕食はどうしてますか？」と尋ねると、「はあ。母親が作ってくれてます」という答えが返ってくるケースがほとんどでした。中には「帰宅を待っていて、母親が食事を温めてくれる」と話す社員もいて、「この人、45歳ということは、お母さんは70代かな……それで夜11時ごろ息子のために食事の支度をするのか」とそのたいへんさを想像したこともあります。

また、そういう人に「休日は何をしていますか」と聞くと「サイクリングが趣味なのでだいたい外に出ています」とか「1日中寝ていて、夕方から友人と飲みに行きます」といった答えが返ってくることが多く、「たまっていた洗濯です」「親に聞いて家のメンテナンスを手伝います」といった話は聞いたことがありません。もちろん実際には親の手助けになるようなこともいろいろしているのかもしれませんが、いま振り返ると、全体的には彼らも〝子ども部屋オジサン〟だった可能性が高いと考えられます。

こう考えると、山田氏が指摘するように必ずしも「非正規雇用で収入も低いので結婚できない、実家を出られない」という人がしかたなく〝消極的・子ども部屋オジサン〟になるわけではなく、「正社員だけど実家で世話をしてもらいながら仕事と趣味の生活をするほうがラクだし、家庭を持つ責任からも逃れられるから」と〝積極的・子ども部屋オジサン〟になるケースもかなりあるのではないでしょうか。

アメリカやヨーロッパなどでは、基本的に子どもは18歳になると全員、家を出ることになっているようです。たとえばアメリカの多くの大学では、入学したら全員が寮に入って1年間生活し、2年目以降は寮を出て同級生どうしでルームシェアをして暮らすのが一般的だと言います。とはいえ、中にはやはり寮に入らなかったり実家にとどまり続けたりする学生もいるらしいです。ただ、彼らは「相当な変わり者か大富豪の子どもだ」と、アメリカの大学に長く勤めていた人が教えてくれました。

もちろん、なかなか結婚せずにシングルのまま30代、40代となる人もいるでしょうけれども、少なくともずっと親に世話をしてもらい、仕事しながらも趣味の生活を続ける〝子ども部屋オジサン〟はごく少数派のようです。

これまでの章で話してきたようなオジサンたちとは違い、彼らは暴力やハラスメントで世の中に迷惑をかけているわけではありません。基本的に外へ、とか上へ、という欲望は希薄で「自分の生活が守られればよい」というタイプが多いので、他人に対して権威を振りかざしたりカネや地位に執着して人を陥れたりすることもないでしょう。私が産業医として面談してきた人も、基本的には〝やさしそうな良い人たち〟でした。逆に言えば、だからこそ仕事をまかされ、断ることもなく引き受けて残業が月に80時間かそれ以上、となってしまいがちなのかもしれません。

## 島耕作型オジサンとのあいだに深い溝

では、このまま〝子ども部屋オジサン〟がどんどん増えていくと、どうなるのでしょう。もちろん、彼らが結婚しなければ子どもも生まれず、いま日本の最大の問題である少子化がより促進されます。しかし、おそらく本人たちは「日本社会のために結婚したり子どもを持ったりするわけではないし」と言うでしょう。私もそう思うので、ここではその問題には立ち入りません。

先の記事では、親が亡くなったあとは誰も気にかけてくれなくなり、孤独死の心配があることを指摘していましたが、それはだいぶ先の話です。

ただ、いつまでも「親に世話してもらえる子ども」という立場を続けられないことは事実です。私の知人のように、〝子ども部屋オジサン〟に女のきょうだいがいれば、親は自分たちの介護をその娘に頼もうとするかもしれませんが、それでも同居している息子として何もしないですむというわけにはいかないでしょう。たとえば母親が病気がちになって家事ができなくなったときに、父親を含めた一家全体の食事、洗濯、あるいは家の掃除などを自分ができるか。もし、母親が亡くなって父親と自分が残されたらどうなるのか。そういったシミュレーションもしておく必要があります。

そして何より心配になるのは、これまで紹介してきたような、どちらかといえば「オレは男だ」というタイプの〝島耕作型オジサン〟と、この「自分の生活が同じように続けばよい」という〝子ども部屋オジサン〟とのあいだには、あまりに深い溝があるのでは、ということです。

もちろん女性でも、子どもがいる人といない人とのあいだには埋められない溝がある、と感じる場合があります。

私は子どもがいないので、職場でいつも冷静な同僚が「子どもが熱を出しちゃって！今日はこれで帰ります！」と引き継ぎもそこそこにパニックのようになって早退する姿などを見ながら、「たいへんだなあ。私にはこういう心境は本当の意味では実感できないわけだ」と思います。

しかしその一方で、これまで言ってきたように、とくに仕事の場で女性はオジサンからセクハラやパワハラを受ける側だったりもするので、そういう意味では一致団結しお互いにサポートしながらしんどい状況を乗り越える、ということもよくあります。

その点、〝島耕作型オジサン〟と〝子ども部屋オジサン〟とのあいだにある溝は、どうやっても埋められないような気がします。前者が「まったくニョーボってやつは、いなきゃいないで困るけど、うるさくてやってられないよな！　結婚前はあんなに素直だったのに、子どもができたらすっかり変わっちまって！」などと言っても、後者は「はあ……」と沈黙するしかないでしょう。

私は個人的には、女性に対しても「オレはエラいんだ。オレの言うことを聞け」といった居丈高なふるまいをすることが少ない、〝子ども部屋オジサン〟に好感を持っています。自分もおとなになりきれておらず、趣味の生活を大切にしている面があるので、その気持ちもよくわかります。

とはいえ、「ずっと子どものまま」というのは果たしてよいのでしょうか。あるいは、「子どものまま」の人たちがこれからもどんどん増えて、その人たちが中心となって作られる社会は、どんな姿となるのでしょうか。さらには、島耕作型とのあいだの格差や意識差がオジサン間の致命的な対立に発展する危険はないのでしょうか……などなど、決して楽観的にはなれないのです。

かつて若者に「書を捨てよ、町へ出よう」と呼びかけたのは戦後の日本を代表する歌人で劇作家の寺山修司氏ですが、私としては「オジサンよ、子ども部屋を出て外で暮らそう」と言いたい気持ちもあるのです。

# おわりに――オジサンが「おとな」になるために

## 〝おとな〟になるには努力が必要

医療や介護の第一線で常に活躍する医師でもあり、健康や社会に関するメッセージを発信し続ける作家でもある鎌田實さんは、1948年生まれ。テレビであのにこやかな顔を見たことがある人も多いと思いますが、いま70代の鎌田さんは、日本のオジサンにとってはまさに理想的な生き方をしている先輩とも言えます。

その鎌田医師が2018年、『週刊ポスト』の連載でこんなことを書いていました。引用させてもらいましょう。

「かつて『キレる若者』が話題になったが、分別のあるはずの大人の世代までが、キレやすくなっている。

11月末、着陸直後の機内で立ち上がり、乗務員にシートベルトを締めるように言われた70歳の男が、乗務員に暴行を加えて逮捕された。駅構内や電車内で発生した暴力行為の60％が40〜60代の中高年というデータも出ている」（「ジタバタしない」『週刊ポスト』２０１８年１月１・５日号）

まさに本書の中で繰り返してきた、自分の感情をコントロールできずに、思いのままに感情をぶちまけてしまうようなタイプのオジサンの話です。

よく考えてみれば、パワハラ、犯罪につながる暴力、セクハラ、ネットでの暴走、実家への引きこもり、すべてがこの「感情をそのままぶちまけた結果」と考えられるのかもしれません。

オジサンたちが子どものときは、40代、50代になれば自然と分別もついて、だんだん人生に対して達観するようになり、ジャズや名利の庭鑑賞といった趣味を心静かに楽しむようになる……と思っていたのではないでしょうか。私はそう思っていました。

ところが、いま50代後半の自分はまったくそうではありません。20代のときに好きだったジャンルの音楽がいまでも好きですし、神社仏閣を落ち着いて鑑賞するという趣味もありません。相変わらずホテルのケーキバイキングなどに出かけて、「ギャー！　フルーツがこんなにのってる！」などと大きな声を上げています。自分でも「本当におとなげない」とあきれるばかりです。

どうやら「おとな」というのは、放っておいて〝自然になれる〟ものではなくて、自分でも努力をしたりいろいろと試行錯誤を繰り返したりしながら、〝自らなっていく〟もののようです。

私にしても、趣味や遊びでは子どもっぽいままの部分もありますが、大学や病院の仕事に関しては「おとなにならなきゃ」と自覚して、自分の気持ちを抑えたり、後輩に対して先輩として教育的に指導するよう努めています。それに私は女性なので、本書で繰り返してきたように、ときには〝子どもっぽい男性〟のハラスメントやヤツ当たりの対象になることも多いのです。そのたびに「自分もそういう面があるのではないかな。気をつけなきゃ」とオジサンを反面教師にさせてもらい、社会的な場面では少しでもおとなとしてふるまいたい、と思っています。

鎌田さんが指摘している、キレやすいおとな（『週刊ポスト』の連載ですから男性のことだと思われます）も、まさに感情や欲望を抑えることができない、いわば〝ダダ漏れオジサン〟なのでしょう。

**怒りの制御だけならノウハウがあるが……**

では、どういうようにして彼らはおとなになることができるのか。鎌田さんは、冒頭で挙げた『週刊ポスト』の連載の中で、精神論は唱えず、まずやるべきなのは「アンガー・マネジメント」、つまり怒りの感情のコントロールだと言います。そのやり方を鎌田さんは次のように具体的に挙げています。抜粋して引用させてもらいましょう。

【6秒ルール】
ムカっときたら、心のなかで6秒カウントすると、怒りをやり過ごすことができる。

【いっぷくする】

イライラしてきたら、とにかくお茶の時間にすると、イライラが鎮まっていく。

【一晩寝てまて】

怒り心頭に発しても、寝ている間に感情が整理され、翌朝、「まあいいか」と思えるようになる。

どれも、すぐに実行できるようなことばかりです。とはいえ、激しい感情がわき上がってきたときに、そのつど6つ数えたりお茶を飲んだりしてそこではやりすごせても、本当の意味でおとなになることはできないでしょう。

書店に行けば「気持ちを整理する方法」「怒りがあっという間に消える本」など、やはり激しい感情、とくに怒りのコントロールのしかたについての本がたくさん出ています。これらも同じで、そのときの怒りは抑えることができても、それを毎日繰り返していては、やはり「おとなになった」とは言えないと思います。

## 成熟のかたちは十人十色

　では、どうすれば本当の「おとなの男」になれるのか。

　これはとてもむずかしい問いです。第6章では、アメリカの人格心理学者オールポートの唱えた「成熟したパーソナリティ」を挙げました。それも参考になると思いますが、何でもノウハウを教えてほしいというマニュアル世代の人たちは、「だから、そうなるにはどうすればいいか教えてよ」と言うかもしれません。

　しかし、ここで「これとこれをやればおとなになれます」と法則を示すことはできません。なぜなら「どういうあり方が自分にとっておとなか」というのは、人によってそれぞれ違うからです。

　もちろん共通の要素はあります。鎌田さんが言うように、感情をむやみに爆発させないことは基本でしょう。それから本書で繰り返したように、「ハラスメントをしない」というのも現代の社会ではマストです。

　そして何より「自分がいちばん」ではなく、自己中心的な考えをやめて、「他者や社会のためにはどうすればよいのか」ともっと広い視野でものごとを見る。これがおとなとしては絶対に必要なことです。自己犠牲的に自分を押し殺す必要はありませんが、ときには「自分のためより家族のため」「社会のために自分には何ができるのか」と考えながら選択したり行動したりすることが、おとなとしては必須ですし、それができれば、電車が混雑しているからといって大声を上げたり本がほしいからといって万引きをしたり、といったふるまいはしなくなるでしょう。

ただ、それ以外、「何がおとなか」は人それぞれだと思うのです。

たとえば、異性との関係にしても、「配偶者つまり妻といっしょに旅行に行くなどして関係をより深める」というのもおとなですし、逆に「子どもが育ったらそれぞれの自由を尊重する」というのもおとなだと思います。実際に私の知人でも、憎み合っているわけではないけれど、話し合いで「ウチは〝卒婚〟だね」と決めて、お互いにほとんど干渉せずに仕事やボランティア、趣味にとそれぞれが好きに行動している夫婦もいます。それはそれで「おとなだなあ」と思えるのです。

いずれにしても、「自分にとっておとなとはこういうもの」と〝おとなイメージ〟をきちんと持って、それを実現するためにある程度の努力をすること、また妻がいる場合は自分だけで〝おとなイメージ〟を決めずに、話し合ってある程度のコンセンサスを得ておくことが大切です。

これは別の知人の話ですが、妻は夫が定年後にいっしょに陶芸などの趣味を持ちたいと楽しみにしていたのに、夫は勝手に仲間と釣りのサークルを作って週に何度も出かけるようになった、という夫婦がいました。妻は「私が思い描いた定年後の生活と違う」とかなりがっかりし、その後、離婚問題にまで発展したのですが、これなどは〝おとなイメージ〟が夫婦で大きく違っていたことによる悲劇でしょう。

## 自分なりの理想を持てないと孤独に陥る

そうやって「自分なりのおとなとは」と考えることなく、それこそ『島耕作』などで植えつけられた「これが理想の生き方だ」といったイメージのみを何となく追求していると、どうなるか。そうなると、まわりの人たちからも愛想をつかされたり、ときにはハラスメントで糾弾されたりし、近づいてくるのは「孤独」です。

私は、多くの日本のオジサンはとても孤独だと思います。

診察室で、産業医の面談室で、あるいは知人たちとの会合で、さまざまなオジサンと話す機会がありますが、そこで「オレはスゴイ」と胸を張って自信たっぷりに話すオジサンほど、じつはまわりから浮いているのに自分だけ気づかない、孤独な状態であることが多いのです。「いまはまだ社会的地位があるからまわりもあわせているけれど、これから定年を迎えたら、この人、いきなり襲ってくる孤独に耐えられるかな……」と心配になることも少なくありません。

でも、自分なりに「これがおとなだ」というイメージを持って、それが転がり込んでくるのを待つのではなく、そういうおとなになれるように少しばかりの努力をしているオジサンは、おそらく孤独になることはありません。いくつになっても目標に向けてがんばっている人、とくに「自分はまだまだ本当のおとなじゃないですから」と謙虚に自分と向き合っている人は、まわりからも好感を持たれます。

私はいま中国語を習っているのですが、そこでも50代、60代と思われる男性がおり、自分の娘ほどの年齢の講師に発音を注意されながら、真剣な顔で勉強に取り組んでいる姿はとても輝いていて、思わず応援したくなります。

## 本物の〝おとな〟は考えることをサボらない

もちろん、私も自分が〝おとなでステキなオバサン〟になれているとは思っていません。鎌田さんの言うアンガー・マネジメントもできないときがありますし、先ほども言ったように若いときからの趣味をダラダラと楽しんでそれで満足している面もあります。ただ、「これでいいのだ」と開き直ることはせずに、「私にとって〝おとなになる〟とは何か」と考え続け、「これかな」と思ったらそれをやってみよう、とは思っています。

先ほどの中国語学習もそのひとつです。最近、病院には中国人の患者さんが来る機会が増え、その人たちは日本語がとても上手だとはいえ、ひとことでも中国語で話しかけることができたら安心してくれるのではないかな、と思ったのがそのきっかけです。以前は、どんと構えて「診てあげよう」というのがプロの医師にふさわしい態度だと考えていましたが、最近、それはいわゆる〝上から目線〟であって、むしろ子どもっぽい態度なのだとようやく気づきました。そして、患者さんが話す言葉を身につけることによって、その目線に少しでも近づきたいと考えたのです。

私の例からもわかるように、「何がおとなか」はその人の中でも年齢によって変化します。

第1章に示したように、映画『黒部の太陽』の時代は、とにかく仕事優先で家族が病気になっても帰宅しないオジサンが立派で常識的だ、言ってみれば〝おとな〟だと考えられていましたが、いまではそれは自己中心的な子どもとみなされます。いまのおとななら、まず家族のそばにいることを優先し、仕事の同僚たちにも適切な配慮をして仕事の穴を埋めてもらうことでしょう。

どうすれば、本当のおとなになれるのか。それを考え続けるのが、カン違いオジサンにならず、孤独を免れる唯一の道です。〝おとな道〟には終わりがない。それはたいへんなことですが、いつか日本中に個性豊かなおとなのオジサンたちがあふれているかも、と想像すると、とても楽しみです。

家族のために、社会のために、そして何より自分が孤独に陥らないために、ひとりでも多くの日本の男性が、ぜひステキなおとなのオジサンになってほしいと願っています。

校　　正　アンデパンダン
編　　集　川﨑優子
DTP制作　三協美術

# オジサンはなぜ
# カン違いするのか

2019年6月15日　第1版第1刷

著　者　香山リカ
発行者　後藤高志
発行所　株式会社廣済堂出版
〒101－0052　東京都千代田区神田小川町
2－3－13　M&Cビル7F
電話 03-6703-0964（編集） 03-6703-0962（販売）
Fax 03-6703-0963（販売）
振替 00180-0-164137
http://www.kosaido-pub.co.jp

印刷所
製本所　株式会社廣済堂

装　幀　株式会社オリーブグリーン
ロゴデザイン　前川ともみ＋清原一隆（KIYO DESIGN）

ISBN978-4-331-52236-3 C0295